다문화 이민자를 위한 −최신귀화시험

이민귀화시험

經경 蓮련華황一링切청菩뽕薩삻護薈念념
호니오 ᄂᆞᆯ 을 니 펴 터 제 品픔 엣 念념ᄒᆞ샤
解行ᄒᆞ解ᄆᆞᅀᆞᆷ 기 니 護薈 念념
ᄯᅩ 利링益 昧ᄆᆡᆼ로 혀샤 제品픔은 곰 내ᄡᆞ라아

다문화 이민자를 위한 – 최신귀화시험

이민귀화시험

지은이 서광석·전경미

"가족 · 이웃은 든든한 버팀목,
우리는 이방인 아닌 인천댁"

김화숙 (중국, 38세, 결혼이민자)

"난 중국 연길에서 왔어요. 결혼으로 한국에 온 지 3년 반이 되어서 귀화면접시험을 보았는데, 창피하게도 처음엔 떨어졌어요. 저는 중국 동포로 한국말을 잘하기 때문에 귀화면접시험 우습게 생각했어요. 그런데 국민의 4대 의무 중 근로의 의무를 물었는데 대답하지 못했어요. 귀화면접시험도 열심히 준비해야 합격해요."

람티타이 (베트남, 29세, 결혼이민자)

"베트남에서 한국어를 조금 공부했지만 어려웠어요, 처음에는 남편과 둘만 살았는데 임신을 한 데다 말도 안 통해 밖에 나가지도 못했어요. 처음에는 심심했어요."
"음식이 다른 게 가장 힘들었어요. 김치, 된장찌개 등 하나도 먹지 못해 베트남 식당을 찾아가 밥을 먹곤 했어요. 그럴 때 가족들이 '왜 밥 안 먹느냐?'라고 했어요."

바트젱겔 (몽골, 33세, 외국인근로자)

"일하다가 벽돌이 떨어져서 발가락이 잘려나갔어요. 많이 아팠으나 사장님은 '몽골 사람 발가락 하나의 값은 만 원이라고 하며 더 많은 10만 원 줄 터이니 합의서에 사인해라.'라고 했어요."

세계화 시대에 접어들어 국가 간 협력과 교류가 활발해지면서 한국을 방문하는 외국인이 기하급수적으로 증가하여, 2014년 말 현재 국내에 다양한 목적을 가지고 체류하는 이주민이 총인구의 3.6%를 웃도는 180만에 이르고 있습니다. 이와 같이 인적·물적 교류가 증가하면서 전통적 단일민족국가임을 자처하던 한국 사회는 다민족, 다문화 사회로 급속하게 변하고 있습니다.

2007년 '외국인처우기본법'의 제정으로 인하여 정부 및 지방자치단체, 민간단체 등이 적극적으로 결혼이민자, 외국인근로자 가족 등 이민자에 대한 지원에 발 벗고 나선 것은 다소 늦은 감이 있지만 참 다행한 일이라 생각합니다. 이러한 이민자들이 본인 고유의 사회와 문화를 고이 간직한 채 한국 사회에 잘 적응하여 더불어 사는 하나 된 사회를 만들어가기 위해, 이민 당사자는 물론 다문화 가정을 이루고 있는 한국배우자와 가족 구성원뿐 아니라 사회공동체 및 NGO단체, 지방자치단체와 정부 등이 혼연일체가 되어 지원하고 협력하여야 합니다.

이민자가 한국 땅에서 한국인과 더불어 일상생활을 하는 데 가장 기본적으로 갖추어야 할 기본 소양은, 자유로운 의사 표현을 할 수 있는 한국어 사용 능력 배양과 더불어 한국 사회 고유의 사회문화 이해를 들 수 있습니다. 하지만 지금까지의 이민자를 위한 교재는 단순한 의사소통 중심의 한국어 교재와 한국 중류 사회를 아우를 수 있는 일반 상식 수준을 넘어선 전문가 수준의 내용으로 이민자들이 이해하기 어려워, 실생활에 큰 도움이 되어 주지 못하였습니다. 정작 그들에게 필요한 한국 중류사회의 보통 사람들이 실생활을 영위하는 데 필요한 한국의 사회문화를 접목한 한국어와 사회문화의 이해를 돕는 책자는 매우 부족한 것이 현실입니다. 늦게나마 (사)이주민사회통합지원센터, 외국인종합

상담소 및 쉼터 등을 10여 년간 운영하면서 경험한 지식과 관심 분야를 연구하면서 모아온 자료를 토대로 한국어와 한국의 사회문화를 접목한 귀화 필기 및 귀화 면접시험 대비를 위한 통합 학습서인 '대한사람 대한으로'를 만들게 되었습니다.

이 책은 한국어의 기본적인 구사 방법과 함께 한국사회의 제도와 예절 문화, 생활 정보 등을 자연스럽게 익힐 수 있도록 했으며, 다문화 사회의 기본적인 이해 활동, 한국의 역사, 복지, 교육 등을 다루고 한국어 구사 능력의 배양을 위해 관용어 속담 등을 곁들여 초급과 중급 한국어 능력·실력을 쌓을 수 있게 세심하게 배려하였습니다.

이 책이 출간되기까지 관심과 지도·격려를 아끼지 않으신 인하대학교 김영순 교수님, 법무부 출입국외국인정책본부 박찬호 단장님, 새로운 아이디어와 많은 자료를 제공해주신 인천광역시 교육청 정책개발팀 박인배 장학사님, 도서출판 지식공감 김재홍 사장님과 출판 관계자 여러분께 무한한 감사와 고마움을 전해 드립니다.

이민자 여러분이 한국의 사회문화를 좀 더 빠르게 이해하고 소통하여 국내에 정착하시는 데 조그마한 도움이라도 될까 싶어 미력하나마 한국의 사회와 문화를 익히는 과정 속에서 한국어를 자연스럽게 습득할 수 있도록 안내 책자를 만들었으니, 부디 이 책이 한국어와 한국문화를 이해하시려고 하는 이민자에게 많은 도움이 되기를 바랍니다.

2015년 3월

저자 대표 서 광 석

귀화(면접)시험에 대해 알고 계세요?

귀화란 단순하게 외국인에게 대한민국의 국적을 부여하는 것이 아니다. 때문에 귀화를 희망하시는 외국인이 한국 땅에서 한국인과 더불어 안정적으로 정착할 수 있도록 사회구성원 모두는 그들에게 지원을 아끼지 말아야 한다.

이러한 대한민국의 국민이 되기 위한 귀화(면접)시험은 법무부 출입국 외국인정책 본부의 주관으로 시행이 되는 자격시험이다. 이는 다른 나라 국적 소유자가 한국 국적을 취득하여 대한민국의 국민이 되기 위한 자격을 심사하는 시험을 말하며, 시험에는 필기시험과 면접시험이 있다.

응시자 주의사항

1. 시험 시작 후 화장실 이용은 불가하며 시험 중 교실로 나가면 다시 들어올 수 없습니다.

2. 답안지 표기는 반드시 컴퓨터용 사인펜만을 사용하여야 합니다. 볼펜 등 다른 필기도구로 답안을 표기하면 해당 문제는 영점 처리됩니다.

3. 화이트를 사용하거나 칼로 긁는 등 한번 표기한 답안을 정정하면 그 문제는 영점 처리됩니다.

4. 한 문제에는 하나의 답을 표기하여야 하며, 점을 찍거나 줄을 긋는 등 하나 이상의 표시가 있으면 그 문제는 영점 처리됩니다.

5. 책형을 표기하지 않거나 잘못 표기하면 본인의 책형과 다른 책형으로 채점되므로 반드시 정확하게 표기하여야 합니다.

6. 시험 종료 시간에 임박하여 답안지를 교체한 경우에 시험 종료 시 표기를 모두 하지 못하였더라도 새 답안지를 회수합니다.

7. 시험 시간이 종료되었음에도 불구하고 감독관의 답안지 제출 지시에 불응하고 계속 답안을 작성할 경우, 영점 처리됩니다.

8. 문제지에는 인적사항을 기재하고 시험 종료 시 반드시 제출하여야 하며, 문제지를 제출하지 않거나 촬영하면 귀화 불허가 처분 및 형사처벌을 받을 수 있습니다.

9. 시험이 종료되더라도 감독관의 퇴실 지시가 있을 때까지 교실에서 기다려 주시기 바랍니다.

귀화 요건 및 종류

1. 귀화란?

귀화란 단순하게 외국인에게 대한민국의 국적을 부여하는 것이 아니다. 때문에 귀화를 희망하시는 외국인이 한국 땅에서 한국인과 더불어 안정적으로 정착할 수 있도록 사회구성원 모두는 그들에게 지원을 아끼지 말아야 한다.

이러한 대한민국의 국민이 되기 위한 귀화(면접)시험은 법무부 출입국 외국인정책 본부의 주관으로 시행이 되는 자격시험이다. 이는 다른 나라 국적 소유자가 한국 국적을 취득하여 대한민국의 국민이 되기 위한 자격을 심사하는 시험을 말하며, 시험에는 필기시험과 면접시험이 있다.

2. 귀화의 기본적인 요건

1) 외국인이 대한민국으로 귀화를 하기 위한 기본적인 조건으로 아래 4가지를 갖추어야 한다.

　① 대한민국의 민법에 의하여 성년일 것.

　② 품행이 단정할 것.

　③ 생계유지 능력이 있을 것.

　④ 국어 능력 포함, 국민으로서의 기본적인 소양을 갖출 것.

3. 귀화 신청 방법

귀화는 신청자 주소지 관할 각 지방 출입국관리사무소에 신청을 하면 된다. 출입국관리사무소 또는 출입관리국 홈페이지 "민원 서식 받기"에서 귀화 신청서를 다운받아 작성하고, 그와 함께 진술서, 반명함판 사진 3매, 여권 사본(여권 지참), 외국인등록증 사본, 거민신분증 사본(중국 국적자에 한함), 범죄기록사실증명(공증, 인증), 결혼을 통한 귀화라면 배우자의 주민등록증과 호적등본(귀화 신청자와 결혼한 사실 기재), 본인의 재정 능력을 입증하는 서류, 수수료 10만 원을 준비하여 귀화 신청을 한다.

4.귀화의 종류 및 대상자

귀화의 종류는 일반, 간이, 특별귀화와 수반 취득이 있으며, 각각의 세부 내용을 보면 아래와 같다.

1) 일반귀화 ： 한국에서 5년 이상 주소를 두고 체류하고 있었을 것.

2) 간이귀화

　가) 3년 이상 거주자

아래에 해당하는 외국인으로 2년 이상 계속하여 대한민국에 주소가 있는 자

　① 부 또는 모가 대한민국의 국민이었던 자(부 또는 모의 호적은 한국에 남아 있으나. 부 또는 모가 사망하였을 경우)

　② 부 또는 모가 사망한 경우로서 사망 당시에 한국 국민이었던 자

　③ 부 또는 모가 현재는 외국 국적이지만 과거에 한국 국민이었던 자

　④ 대한민국에서 출생한 자로서 부 또는 모가 대한민국에 출생한 자

　⑤ 대한민국 국민의 양자로 입양 당시 대한민국민법에 따라 성년이었던 자

나) 혼인에 의한 동거자 : 배우자가 대한민국의 국민의 외국인으로서 아래에 해당하는 자

※ 이 경우 반드시 배우자와 함께 출석하여 간이귀화를 신청해야 하고. 불가피한 사유가 있는 경우 배우자의 신분증을 지참하여 신청할 수 있음.

　① 그 배우자와 혼인한 상태로 대한민국에 2년 이상 계속하여 주소가 있는 자

　② 외국에서 혼인증서를 작성 후 국내에 입국한 날로부터 2년 이상 계속 거주

③ 그 배우자와 혼인한 후 3년이 경과하고 혼인한 상태로 대한민국에 1년 이상 계속하
　 여 주소가 있는 자

■ 제출 서류
　 – 귀화허가 신청서 : 컬러사진(4cmX5cm) 1매 부착 및 신청서 2부 제출
　 – 여권 사본 1부 및 귀화진술서
　 – 신원진술서 3부(사진 부착)
　 – 한국인 배우자(혼인관계증명서. 주민등록등본)
　 – 재정관련 서류(재직증명서, 전세계약서, 3,000만 원 이상 은행 잔고증명 등)
　 – 결혼 사진(컬러) 및 통보서, 수수료 300,000원(정부수입인지)

다) 동포 1, 2세의 배우자

국적회복 또는 귀화 신청 한 외국 국적 동포와 함께 국내체류 중인 가족은 불법체류자가
아닌 한 그 외국 국적 동포와 동반하여 국적회복 또는 귀화 신청이 가능하다. 동반신청 가
족의 범위는 배우자와 그 직계비속 및 그 배우자에 한한다.

■ 공통 제출 서류
　 – 귀화허가신청서 : 컬러사진(4cmX5cm) 1매 부착
　 – 신청서 작성 후 첫 장 사본 1부 제출 · 여권 사본 1부
　 – 중국 거민증 사본 : 원본 제출
　 – 중국 호구부 전체 사본 : 원본 제출
　 – 귀화진술서
　 – 신원진술서 1부 작성, 1부 복사(사진 부착)
　 – 통보서
　 – 수수료 100,000원(정부수입인지)

■ 추가 제출 서류
　 – 동포 1세의 배우자라는 점을 증명할 수 있는 서류
　 – 동포 친족관계공증서(외교부인증)
　 – 동포 1세의 기본증명 또는 제적 등본

- 결혼증 사본

- 오래된 사진(결혼 사진, 오래된 가족사진)

- 기타 중국의 공적서류(호구증명, 자녀출생증명서 등)

- 동포 2세의 배우자라는 증명서류

※ 위 동포 1세 배우자의 경우와 동일한 서류로써 증명해야 하되, 1세와 2세와의 관계
   를 입증해야 하며, 동포 2세와 배우자와의 관계도 입증해야 한다.

라) 국제결혼 대상자의 국적 취득

■ 결혼에 의한 간이귀화 신청 서류

- 귀화허가신청서 : 컬러사진(4cmX5cm) 1매 부착

- 여권 사본 1부, 외국인 등록증사본 1부

- 외국신분증 사본

- 재정관련 서류(3,000만 원 잔고증명, 재직증명서, 사업자등록증, 전세계약서 등)

- 한국인 배우자의 혼인관계증명

- 자녀의 가족관계증명서(한국인 배우자와의 사이에 자녀가 있는 경우)

- 한국인 배우자의 주민등록증 사본 : 원본 제시

- 혼인관계를 유지를 나타내는 사진, 주위 사람들의 확인서 등

- 신원진술서 2부 반명함판 사진 2장

- 통보서

중국의 경우 가족관계증명 공증인증

기타 국가 가족관계증명원, 결혼증명원 공증 후 제출

※신청 서류 접수 시 반드시 신청자 본인은 배우자와 함께 출석해야 함.

2) 귀화허가 통지서 받은 후 주민등록증 신청 절차

- 호적신고 : 귀화허가 통지서를 가지고 호적관서에 직접 가서 귀화 신고를 하고 호적
   을 만들어야 한다. 귀화허가 통지서를 받은 날로부터 1개월 내에 호적신고를 하지 않
   으면 과태료가 부과된다.

- 외국 국적 포기 : 대한민국에 있는 전 국적 국가의 대사관에 가서 "국적 포기 신고"를 하여야 한다. 귀화허가 통지서를 받은 날로부터 '6개월 내'에 전 국적을 포기하지 않으면 한국 국적이 자동 상실된다.
- 외국 국적 포기 확인서 : 외국 국적 포기(상실) 증명서를 직접 법무부 국적 업무 출장소에 제출하여 발급 신청을 한다. 우편이나 전산으로 발급받을 수 없다. 반드시 본인이 직접 방문해야 한다.
- 주민등록증 발급 신청 : 호적등본과 외국 국적 포기 확인서를 가지고 주민등록관서에 가서 주민등록증 발급 신청을 하면 된다.

마) 협의이혼, 소송 이혼한 경우의 귀화 신청
■ 기본서류
 -귀화 신청서
 -여권 사본, 외국인등록증 사본
 -한국인 배우자의 혼인관계증명서, 제적등본 1통
 -본인 또는 가족의 생계유지 능력 입증 서류
  * 3,000만 원 이상의 잔고증명, 부동산 등기부등본
  * 가까운 친척이나 지인의 재정보증서, 재정보증인 인감증명
  * 재정보증인의 3,000원 이상의 예금잔고증명
-신원진술서 4통(각 사진 부착)
-통보서
-결혼 관계가 중단된 사유에 대한 본인 진술서 1통

2) 결혼 중단 사유별 추가 서류
 -배우자 사망한 경우 : 사망 사실이 등재된 배우자의 제적등본, 사망진단서
 - 배우자가 실종된 경우 : 실종 선고 사실이 기재된 배우자의 제적등본
 - 한국인 배우자의 귀책사유로 결혼 관계가 중단된 경우(다음 중 1개 이상)

* 판결문(이혼판결문의 경우 배우자의 귀책사유가 나타나 있어야 함. 형사판결문)

* 한국인 배우자의 폭행 등을 고소하고 받은 검찰의 불기소 결정문

* 진단서(한국인 배우자로부터 맞은 내용이 기재되어 있어야 함), 상처 사진 등

* 한국인 배우자의 파산결정문 등 (한국인 배우자의 파산 사실이 나타나 있는 것)

* 한국인 배우자의 가출 신고서 등 (실종 선고를 받지 못하였으나 한국인 배우자의 소재가 불명인 경우)

* 한국인 배우자의 4촌 이내 친척이 작성한 결혼 관계 중단 원인을 설명하는 확인서(한국인 배우자 본인이 작성한 것은 인정되지 아니하며, 단순한 확인서로 되지 아니하고 결혼 관계 중단 원인이 한국배우자에게 있음을 설명하는 확인서의 구체적인 결혼 관계 중단 원인 및 경과를 설명해야 함)

* 기타 위 항목에 준하는 서류 등

− 한국인 배우자와의 결혼 중 출생한 자녀를 양육하는 경우

　* 자녀 호적등본

　* 자녀를 양육하거나 양육해야 하는 사실을 증명하는 서류(판결문, 이혼신고서 및 확인서 등본)

※ 불법체류자인 경우 불법체류자로 된 이유를 본인 진술서에 설명하고, 법무부 관서에 직접 접수한다.

(3) 특별귀화

− 동포 1세의 국정회복 및 동포 2세의 특별귀화

가. 국적회복 대상

1) 국적회복에 대한 국적법의 규정

과거 한국 국적이었던 자가 국적법이 정한 사유에 의하여 한국 국적을 상실하였든가 한국 국적과 외국 국적과 위국 국적을 함께 가진 이중국적자로서 한국 국적을 이탈하였던 자는 모두 국적회복의 대상이 된다.

2) 중국 동포의 귀화에 대한 관련 규정

① 중국 동포로서 1949년 10월 1일 전에 출생한 자는 그 이름이 대한민국의 호적에 등재되어 있으면(이론 인하여 한국 국적을 가지고 있었음을 입증)1949년 10월 1일 중화인민공

화국이 성립되면서 한국 국적을 자동으로 상실했을 경우에 국적회복대상이 된다.

② 1949년 10월1일 이후 출생한 자는 그 이름이 대한민국의 호적에 등재되어 있으면(한국 국적을 가지고 있었음을 입증) 1949년 10월1일 중화인민공화국이 성립되면서 한국 국적을 자동적으로 상실했기 때문에 국적회복 대상이 된다.

③ 동포 1세의 경우 국적회복신청을 하면 법무부의 심사를 거쳐 회복 여부가 결정된다. 불허로 결정될 경우 특별한 사유가 없으면 재심 청구를 할 수 없다.

④ 동포 1세가 국적회복을 신청하고 그 자녀가 특별귀화를 신청하여 법무부에서 심사 도중 동포 1세가 사망할 경우, 그 자녀들은 한국에서 3년간 체류를 하여야 귀화할 수 있다. 또한 동포 1세는 한국의 이름은 한국 호적에 올라 있으나 본인은 이미 사망하였을 경우, 그 자녀가 한국 국적을 취득하고자 하면 역시 한국 내 주소를 두고 2년을 체류해야 신청할 수 있다.

■ 국적회복 시 제출 서류
 – 국적회복 신청서 : 컬러사진 부착
 – 신청서 작성 후 첫 장 사본 2분 제출
 – 국적회복진술서
 – 신원진술서 2부 (사진 부착)
 – 중국 여권 사본 3부 : 여권 제시
 – 중국 호구부 전체 사본 : 원본 제시
 – 기타 국적회복 서가 심사과 관련하여 본인에게 유리한 자료
 – 수수료 : 50,000원

■ 추가 제출 서류
 – 자신이 대한민국 국민이었던 사실을 증명하는 서류
 – 본인의 호적(제적)등본
 – 국내 거주 친척 2인 이상 인우보증서(인감도장 날인)
 – 인우보증인들과의 관계도
 – 인우보증인들의 가족관계증명서, 가계도(친척관계)를 증명할 수 있는 서류(족보 등)

- 상봉경위서, 인감증명서. 주민등록등본, 신청인과 함께 찍은 사진
- 친척과의 왕래한 편지. 사회방송국 이산가족 결연 확인서. 국내 친척과의 유전자
  감식결과 등

■ 동포 2세의 특별귀화 시 제출 서류
- 귀화허가신청서(사진 부착)
- 국적회복신청서 : 컬러사진 부착
- 신청서 작성 후 첫 장 사본 2부 제출
- 국적회복진술서
- 신원진술서 2부 (사진 부착)
- 여권 사본 1부 : 원본 제시
- 중국 거민 신분증 사본 1부 : 원본 제시
- 중국 호구부 전체 사본 : 원본 제시
- 동포 1세의 자녀라는 증명 서류
- 출생증명서, 중국 친자 공증서, 인증
- 어릴 때 사진 및 최근에 같이 찍은 컬러사진
- 기타 중국의 공적서류(전 가족이 나타나는 호구증명 등)
- 수수료 300,000원

기호설명
SYMBOLIC EXPLANATION

기 호	설 명	비 고
	대표적인 표현으로 꼭 익혀야 합니다.	
	의 표현에 대한 추가 설명입니다.	
	각자의 경험이나 지식을 이야기합니다.	
◈이것만은 꼭!!	각 단원에서 배운 내용 가운데 꼭 기억해 두어야만 하는 핵심입니다.	
꼭, 기억하세요!	한국 생활 중 가장 빈번하게 사용하는 문장으로 꼭 익혀 두세요.	
연습문제 EXEACISES	익혔던 한국의 사회문화와 한국어를 동시에 다시 연습해 보는 것입니다.	
문법	간단한 문법을 설명합니다.	
	스스로 문장의 완성을 통하여 한국어를 빨리 익힐 수 있도록 도와줍니다.	

♣ 본 교재는 한국어의 6가지 문체인 '합쇼, 하오, 해요, 하게, 해라, 해'체 가운데 우리 일상생활에서 가장 많이 사용되는 비격식체인 '해요'체를 중심으로 각 장의 맨 아래에 ［꼭, 기억하세요!］ 란에 중요한 어구를 모았습니다.

본 교재는 이민 초기 단계의 이주민과 한국어의 듣기, 말하기가 어느 정도 가능한 중급 수준(한국어능력평가시험 3급 수준 정도)의 이민자가 스스로 학습할 수 있도록 구성하였다. 책은 총 3부로 구성하였으며, 다음과 같은 특징을 바탕으로 만들어졌다.

제1부 '한국을 알고 싶어요' 편에서는 대한민국의 정체성을 알기 위한 태극기, 애국가, 한글 등과 정치, 경제, 역사, 전통문화, 지리, 기타 일반상식 등 대한민국 국민으로서 꼭 알아야 할 폭넓은 상식에 관하여 알기 쉽게 그림을 곁들여 설명하였다.

제2부 '이것만은 알아 둡시다' 편에서는 귀화(면접)시험에 관한 정보와 대한민국 국민으로서 꼭 알아 두어야 할 기본적인 소양을 간략하게 기술하였다.

제3부 '귀화필기 및 면접시험 기출 문제 및 예상 문제' 편에서는 귀화필기 및 면접시험 기출 문제 및 예상 문제 풀이를 통하여 귀화를 하고자 하시는 외국인에게 자신감을 가지고 시험에 임하여 좋은 결과가 있도록 세심한 배려를 하였다.

부록 편에서는 법무부 사회통합프로그램 안내, 많이 사용하는 속담 풀이, 귀화 관련 각종 양식과 국적법에 관련된 내용을 수록하였다.

차 례

책을 내면서   4

제1부

한국을 알고 싶어요

01 대한민국은 어떤 나라예요? ……… 24
1. 태극기와 애국가 그리고 한글 ……… 24
2. 자연환경과 사회문화 ……… 28
3. 정치경제와 법 ……… 35
※이것만은 꼭! ……… 38

02 한국문화를 알고 싶어요. ……… 44
1. 인사하기 ……… 44
2. 소개와 호칭 ……… 46
3. 전화 걸고 받기 ……… 49
4. 식사, 음주, 놀이문화, 역사 및 인물 ……… 52
5. 명절, 기념일, 가정의례 ……… 68
※이것만은 꼭! ……… 82

03 생활양식을 알고 싶어요 ……… 88
1. 관공서 이용하기 ……… 88
2. 교통수단 이용하기 ……… 97
3. 물건 사고팔기, 금융기관 이용하기 ……… 103
4. 문화시설 이용하기 ……… 109
※이것만은 꼭! ……… 115

제2부
귀화필기 및 면접시험 예상문제

01 최신 기출 문제 · 128
02 귀화시험필기 예상문제 · 145
03 면접질문 예상문제 · 179

부록

01 국적법 및 귀화 관련 각종 양식 · · · · · · · · · · · · · · · · · 208
02 한국대표 음식 조리법 · 221
03 많이 사용하는 속담풀이 · 224
04 이민자가 많이 하는 질문 · 231

·래와 다ᄅᆞ·디 아·니ᄒᆞᆯ·ᄉᆡ

호·니오·ᄂᆞ날 如(심)·므·를

經(경)·을 蓮(련) 니르·시ᄂᆞ·니

一 切(청) ᄒᆞ·기·퍼

菩薩(삻) 펴·니·니

念(념) 터 護(ᅘᅩᆼ)

品(품)·은 제·여·곰 내·ᄂᆞ

解(ᄒᆡᆼ)·애 腕(뫙) 제·여·곰 도·겨·샤ᄂᆞᆫ

樂(랑) 시·ᄂᆞᆫ 昧(밍) 도·려·니·라·샤·ᄃᆞ

利(링)弗(붏) 昧(밍) 제

제1부 한국을 알고싶어요

01 대한민국은 어떤 나라예요?

 **매일매일 공부해요!**

가화만사성(家和萬事成)
집안이 화목(和睦)하면 모든 일이 잘된다는 말.

감지덕지(感之德之)
감사(感謝)하게 생각하고 덕으로 생각한다는 뜻.

군계일학(群鷄一鶴)
평범한 사람들 중 뛰어난 한 사람을 이르는 말.

고진감래(苦盡甘來)
고생(苦生) 끝에 좋은 날이 온다는 말.

금상첨화(錦上添花)
좋은 일에 또 좋은 일이 더하여짐을 이르는 말.

LEARNING TARGET

"한국, KOREA, 대한민국!"

한반도 일대 최초의 국가는 약 5천만 년 전 청동기 시대에 세워진 나라인 고조선입니다. 삼국유사에서는 중국의 위서 동이전을 인용하여, 단군왕검이 요임금과 같은 때에 아사달에 고조선을 세웠다고 기록하고 있습니다. 대한민국은 반만 년 오랜 역사를 가진 세계 몇 안 되는 나라입니다. 대한민국 정부는 고조선이 세워진 때를 국경일(개천절, 10월 3일)로 정하여 기념하고 있습니다.

대한민국의 대외적인 명칭인 'KOREA'는 지금으로부터 약 1천 년 전 고려시대(당시 우리나라 이름은 '고려'였음)에 아라비아 상인들이 왕래하면서 '코리아'라고 불러서 현재 우리나라의 국제 대외 명칭이 'KOREA'로 되었다고 합니다.

본 장에서는 내가 생활하고 있는 이 땅, 자유를 사랑하고 사계절이 뚜렷한 아름답고 자랑스러운 대한민국은 어떤 나라인지 알아보고, 여러분의 나라와 비교하며 이야기해 보기로 하겠습니다.

1. 태극기와 애국가 그리고 한글

🔴 우리나라의 이름은 ☐☐☐☐ 입니다.

　　😊 영어로는 KOREA, 한자로는 **대한민국(韓國)**이라고 표현해요.

🔴 우리나라의 국기는 ☐☐☐ 입니다.

　　🌼 우리나라와 각 나라의 주요 국경일에 대하여 이야기해 봅시다.

〈그림 1 태극기〉

우리나라를 상징하는 국기를 태극기라고 하며, 국경일에는 태극기를 달아야 해요. 태극기는 흰색 바탕의 가운데 빨간색과 파란색의 태극 모양이 있고, 4개의 검은색 괘(건·곤·감·이)가 있어요.

꼭, 기억하세요! ▶ 나는 한국 사람(국가 이름 : 베트남, 몽골)이에요.

🔴 우리나라를 대표하는 노래는 ☐☐☐ 입니다.

🙂 우리나라를 대표하는 노래 **애국가**는 1절부터 4절까지 있으며, 1936년에 안익태가 당시 민간에 널리 퍼져 있던 가사를 정리하여 곡을 만들어 붙인 것이에요

꼭, 기억하세요! ▶ **대한민국(한국)은 살기 좋은 나라예요.**

🔵 우리나라가 사용하는 문자는 □ □ 입니다.

🙂 우리나라의 문자 **한글**은 1443년 세종대왕께서 만드신 것이에요. '한글'이란 '큰' 또는 '바른 글자'라는 뜻이며, 옛날에는 '훈민정음'이라고 불렀어요.

우리나라를 상징하는 나라꽃은 [ ][ ][ ] 입니다.

〈그림3 무궁화〉

우리나라 꽃 **무궁화**는 수수하며,
끈질긴 생명력은 우리나라 민족성을 나타내요.

꼭, 기억하세요! ▶ 나는 대한민국(한국)을 사랑해요. / 한국 사람은 친절해요.

국기에 대한 맹세 : 국민의례 절차에서 낭송하는 맹세문

나는 자랑스러운 태극기 앞에 자유롭고 정의로운 대한민국의 무궁한 영광을 위하여 충성을
다할 것을 굳게 다짐합니다.

우리나라의 수도는 [ ][ ] 입니다.

〈그림4 서울 전경〉

우리나라 수도 **서울**은 정치, 경제, 교육 등의 중
심지이며, 인구는 1,000만 명을 넘어선 거대도
시예요. 중앙에 남산, 북쪽에 북한산, 남쪽에
관악산이 위치하며 중심부에 한강이 흐르고
있어요.

❀ 각 나라의 수도에 대하여 이야기해 봅시다.

- 🔵 **남대문** : 국보 제1호로, 조선 시대 서울 도성을 둘러싸고 있던 성곽의 정문. 원래 이름은 숭례문이며, 남쪽에 있다고 해서 남대문이라고 부른다.

- 🔵 **동대문** : 보물 제1호로, 서울 도성에 딸린 8문 중의 하나. 정동에 있으며, 원래 이름은 흥인지문이다.

- 🔵 **창덕궁** : 조선 시대의 궁궐로서 1997년 12월 유네스코 세계문화유산으로 등록.

> **꼭, 기억하세요!**
>
> 남산타워에서 본 서울 야경은 아름다워요.
> - 수도 서울의 청계천은 정말 멋있어요.
> - 서울의 명동축제는 볼거리가 많아요.

- 🔵 우리나라의 화폐단위는 [　　] 입니다.

〈그림5 대한민국 화폐〉

🙂 우리나라의 화폐단위는 '원(₩)'이며 동전과 지폐 두 가지가 발행됩니다. 동전은 1원, 10원, 50원, 100원, 500원 5종류가 있으며, 지폐는 1,000원, 5,000원, 10,000원, 50,000원 4가지 종류가 있어요.

〈우리나라 화폐인물과 그림〉

화폐 종류	인물 및 그림	비고	화폐 종류	인물 및 그림	비고
100원	이순신 장군	동전	10,000원	세종대왕	지폐(한글을 만드신 분)
1,000원	이황(퇴계)	지폐(퇴계는 호)	50,000원	신사임당	이이(율곡)의 어머니
5,000원	이이(율곡)	지폐(율곡은 호)			

 각 나라의 화폐단위에 대하여 이야기해 봅시다.

- 이것은(물건) 얼마예요?
- 너무 비싸요.
- 이것은 만 원(10,000원)이에요.
- 한국 돈 백만 원을 달러로 바꾸고 싶어요.

2. 자연환경과 사회문화

우리나라는 부산, 대구, 인천, 광주, 대전, 울산의 6개의 광역시가 있습니다.

지리와 기후

강원도, 경기도, 충청북도, 충청남도, 경상북도, 경상남도, 전라북도, 전라남도, 제주도 9도가 있습니다.

※ 우리나라 영토 동쪽 끝은 독도 남쪽 끝은 마라도 서쪽 끝은 가거도 입니다.

전국지역 전화번호							
서울	02	경기	031	인천	032	강원	033
충남	041	대전	042	충북	043	부산	051
울산	052	대구	053	경북	054	경남	055
전남	061	광주	062	전북	063	제주	064

① 삼면이 바다로 둘러싸여 있다.
② 북동쪽에는 태백산맥과 함경산맥 등 높은 산지가 많다.
③ 남서쪽에는 큰 강을 중심으로 평야가 많다.
④ 국토의 70%이상이 산지로 이루어져 있다.
⑤ 동해안은 바다의 수심이 깊고, 해안선이 단조롭다.
⑥ 황해안은 바다의 수심이 얕고, 갯벌이 발달해 있다.
⑦ 남해안은 해안선이 복잡하고, 섬들이 많다.

02 주요 강과 평야

강	평야	발달한 도시
한강	김포평야, 안성평야, 경기평야	서울, 인천, 충주, 춘천 등
금강	논산평야, 예당평야	공주, 부여, 논산, 대전 등
영산강	나주평야	담양, 나주, 광주, 목포 등
낙동강	김해평야	안동, 대구, 부산, 김해 등

03 주요 고개

고개	교통로
대관령	서울과 영동지방을 이어주는 고개
한계령	서울과 속초를 이어주는 고개
추풍령	경상북도와 충청북도를 이어주는 고개
조령	경상도와 서울을 이어주는 고개

04 지역의 특산물

지 역	특 산 물	지 역	특 산 물	지 역	특 산 물
이 천	쌀, 도자기	천 안	호 두	완 도	김, 미역
강화도	인삼, 화문석	대 구	사 과	영 덕	영덕대게
강원도	감자, 옥수수	전 주	비빔밥	통 영	김
춘 천	막국수, 닭갈비	순 창	고추, 고추장	영 광	굴 비
금 산	인 삼	나 주	배	울릉도	오징어, 호박엿

대한민국의 기후 특징

① 사계절(봄, 여름, 가을, 겨울)이 있다.

② 계절풍이 분다. (계절에 따라 바람의 방향이 다르다)

③ 여름과 겨울의 연교차가 크다.

봄	• 날씨가 따뜻함.　• 황사 현상(중국에서 불어오는 모래 먼지)• 꽃샘추위 • 모내기, 씨뿌리기
여름	• 덥고 습한 날씨(북태평양기단의 영향)　• 피서　• 장마와 태풍
가을	• 추수(과일과 곡식을 수확)　• 단풍 여행
겨울	• 차갑고 건고한 날씨(시베리아기단의 영향)　• 스키, 눈썰매　• 김장 • 삼한사온 현상(3일은 춥고, 4일은 따뜻한 날씨)

우리나라는 예부터 벼농사와 밭농사를 하며, 소와 돼지를 키우는 □□ 생활 중심이었으나, 1960년대에 들어서면서 급속도로 사회가 변화 발전되어 1980년대 이후 컴퓨터나 통신기술, 자동차, 선박건조기술이 세계적 수준으로 도약하여 선진국 대열에 들어섰습니다.

우리나라는 1946년 대한민국 정부 수립 이후 사회발전을 거듭하여 반만 년 역사의 큰 뿌리를 흔들리지 않게 잘 가꾸어 나가는, 은근과 끈기를 가진 민족이에요. 우리나라는 1970년대 산업화 이전까지 평야를 중심으로 벼농사와 산간지방의 밭농사를 중심으로 한 **농경**생활 중심사회였으나, 1970년대 이후 사회 전반의 고도성장과 급속한 변화를 거듭하여 정보화사회로 재편되었어요.

한국을 얼마나 알고 있는지, 알고 있는 모든 것을 친구와 이야기해 봅시다.

오늘날 우리나라는 다원적 종교 사회라 할 수 있어요. 전통적인 ☐☐과 유교, 불교, 가톨릭, 개신교 등 다양한 종교가 혼재하고 있습니다.

> 😊 한국사회 종교문화는 전통적인 **무속**과 유교, 외래종교인 불교, 개신교, 가톨릭 민족종교인 천도교, 원불교, 대종교 등 다양한 종교가 혼재되어 있어요. 오늘날 무속신앙은 사주, 궁합, 관상 등의 이른바 역학과도 비슷하며, 과학적 근거는 미흡하지만, 한국인의 일상생활에 많은 영향을 미치고 있어요.

1945년 일본으로부터 해방이 된 우리나라는 미국과 구소련에 의하여 분할 점령되어 관리되었으나, 1950년 북쪽에 진주해 있던 북한의 무력도발 이후 3년간 전쟁에 휘말렸으나, 1953년 휴전이 성립되었고 38도선 근처를 ☐☐☐ 기점으로 현재까지 서로 왕래를 할 수 없는 세계 유일한 분단국가로 남아있습니다.

> 😊 우리나라는 해방 후 1946년 대한민국 정부 수립을 하였으며, 해방 당시 미국과 구소련에 의하여 분할 점령되어 국토분단의 아픔을 갖게 되었어요. 1950년 6·25 동란으로 말미암아 국토는 폐허가 되고 38도선을 기점으로 **휴전선**이 만들어져 현재에 이르렀어요. 독일 또한 우리나라와 같이 분단국가였으나 현재는 통일독일이 되어 번성하고 있어요. 때문에 우리나라는 지구 상 유일무이한 분단국가로 남아 남북이 이념대립으로 대치하고 있는 실정이에요.

한국경제는 글로벌 지식경제사회의 방향에 맞게 발전해 나가고 있습니다. 우리나라는 1996년 30개의 회원국이 있는 ☐☐☐☐에 가입한 후 급속한 경제성장을 하는 신흥 경제 대국으로 면모를 발휘하고 있습니다. GDP 세계 10위를 차지하고 있습니다.

> 😊 한국은 1996년 경제협력개발기구인 OECD에 가입하였으며, 30개 회원국 중 가장 빠르게 경제 발전을 하는 나라예요.

🔴 우리나라는 ☐ , ☐☐ , ☐☐ , ☐☐ 사계절이 뚜렷합니다.

> 😊 대한민국은 3,4,5월을 **봄**, 6,7,8월을 **여름**, 9,10,11월을 **가을**, 12,1,2월을 **겨울**이라고 불러요.

🌸 우리나라 4계절의 특징에 대하여 이야기해 봅시다.

🔴 우리나라 주거의 거주 형태는 각 개인이 소유한 내 집, 보증금을 지급한 후 빌려서 거주하는
☐☐ , 정해진 임대료를 월별로 지급하는 ☐☐ 가 있습니다.

🌸 각 나라의 집(주거) 형태에 대하여 이야기해 봅시다.

> 😊 우리나라의 집(주택) 보급률은 100%를 넘어섰습니다. 하지만 자기 집이 없는 사람들
> 은 집주인에게 보증금을 지급하여 살다가 집을 비워 이사하게 되면 보증금을 되돌려
> 받는 **전세**, 매월 정해진 임대료를 집주인에게 지급하고 일정 기간 빌려서 자기 집처럼
> 생활하는 **월세**를 이용해 삽니다. 월세, 전세, 자기 집 구매 등을 소개해주는 곳을 부동
> 산중개사무소(복덕방)이라고 해요.

꼭, 기억하세요!

나는 송도 신도시 희망아파트 101동 101호에 살고 있어요.
- 한국의 봄에는 예쁜 꽃이 피고 따뜻해요.
- 한국의 여름은 너무 더워요.
- 맛있는 과일과 곡식이 익는 한국의 가을은 풍요로워요.
- 겨울에 내리는 흰 눈은 아름다워요.

◉ 우리나라의 전통 집을 ☐☐ 이라고 부릅니다.

〈한옥〉

☺ 우리나라 사람들은 주로 마당이 있는 단독주택에서 살며, 요즈음은 아파트, 빌라 등에서 살고 있어요. 하지만, 옛날에는 불을 지피는 아궁이와 온돌 그리고 마루가 있는 '**한옥**'에서 살았어요.

◉ 우리나라를 대표하는 음식으로는 불고기, 삼겹살, 된장찌개, 비빔밥 등이 있습니다. 배추와 무, 고춧가루 등을 이용하여 만든 발효 식품으로 세계적으로 유명한 ☐☐ 는 한국인뿐만 아니라 세계인이 좋아하는 음식입니다. 또한, 김치, 두부 등을 넣어 끓여 한국인이 가장 좋아하는 음식은 ☐☐☐☐ 입니다.

〈그림7 한국 대표 음식 김치의 종류〉

☺ 우리나라의 대표적인 발효 음식인 **김치**는 사용하는 재료에 따라서 배추김치, 백김치, 열무김치, 총각김치, 파김치, 석박지 등으로 나뉘어요

◑ 한국인은 숟가락과 ☐ ☐ ☐ 을 사용하여 식사를 합니다.

〈그림8 젓가락 사용법〉

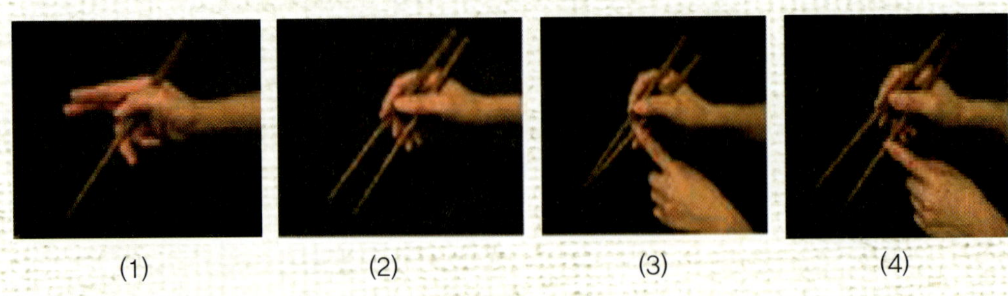

(1)　　　　(2)　　　　(3)　　　　(4)

🙂 한국인은 손가락 사용을 섬세하게 잘해요. 손재주가 좋은 한국인은 어릴 때부터 젓가락 사용법을 배우며, **젓가락** 사용과 관련이 많아요. 이것은 한국의 I.T 기술이 세계적으로 우수함을 입증하는 것이에요

✿ 여러 나라의 대표적인 음식에 대하여 이야기해 봅시다.

✿ 우리나라의 대표적 음식인 김치를 이용한 음식들에 대하여 이야기해보고 직접 만들어 봅시다.

꼭, 기억하세요!

- 나는 된장찌개(음식)를 좋아해요.
- 김치찌개(음식종류) 만드는 방법을 알려 주세요.
- 젓가락사용 방법을 알려 주시겠어요?
- 젓가락 사용은 어려워요. 포크를 주세요.
- 배추김치와 깍두기를 만들고 싶어요.

◑ 우리나라의 전통 옷을 ☐ ☐ 이라고 합니다.

〈그림9 한국 전통의상 한복〉

🙂 우리나라의 전통 옷인 **한복**은 통풍이 잘 되고 색의 조화가 아름다워요. 이러한 전통 한복은 설날(음력 1월 1일)이나 추석날 입어요.

🔵 가족, 친척이나 가까이 지내시던 분이 돌아가시면 ⬜⬜ 을 갑니다.

😊 **조문**을 갈 때는 흰색 또는 검은색 계통의 무채색의 옷을 입어야 해요. 휴대전화기는 진동 또는 전원을 꺼야 하며, 날씨가 더워도 아래위 옷 모두 긴 옷을 입는 것이 예의예요

꼭, 기억하세요!
- 한복이 참 아름다워요. 나도 한복을 입고 싶어요.
- 마음이 아프시겠습니다

3. 정치경제와 법

01 대한민국의 민주정치

🔵 민주주의 : 국가의 주권이 국민에게 있고 국민을 위한 정치를 하는 제도. 대한민국은 민주주의 국가이다.

❖ 민주정치 원리 ❖
① 국가의 주인은 국민이다(국민주권)
② 법에 따라 나라를 다스린다(법치주의)
③ 국가의 권력을 나누어 가진다(삼권분립)

❖ 삼권분립 ❖
① 민주주의 국가에서 국가의 권력을 입법. 사법. 행정으로 나누어 권력 남용을 막음
② 입법부(국회) : 법을 제정함
③ 사법부(법원) : 법을 집행함
④ 행정부(정부) : 정책을 결정하고 시행함

❖ 다수결의 원칙 ❖
어떤 문제나 정책을 결정함에 있어서 다수의 의견으로 결정하는 방식. 이때, 소수의 의견도 무시되어서는 안 된다.

🔴 입법부(국회)

- 국민의 대표로 구성된 입법기관
- 법률을 제정하고, 행정부와 사법부를 감시
- 국민의 선거에 의해 선출된 국회의원으로 구성
  - 국회의원 : 임기는 4년

> ❖ 민주주의의 4대 원칙
> ① **보통선거** : 자격 요건에 상관없이 일정한 연령이면 모두 참여할 수 있는 선거.
> ② **직접선거** : 선거권을 가진 국민이 직접 투표하는 선거. 타인이 대신할 수 없다.
> ③ **평등선거** : 모든 유권자는 한 사람당 한 표씩 투표할 수 있다.
> ④ **비밀선거** : 비밀을 보장하는 선거

🔴 사법부

- **법원** : 법을 집행하는 기관. 가정법원. 지방법원. 고등법원. 대법원이 있다.
- **법원의 종류**
  - ① **대법원** : 대한민국 최고의 법원으로 3심재판을 담당
  - ② **고등법원** : 특별시. 광역시에 있으며 2심재판을 담당
  - ③ **지방법원** : 서울 등 대도시에 있으며 1심재판을 담당
  - ④ **가정법원** : 이혼 상속 등 가정에서 일어나는 가정문제와 소년 사건을 담당
  - ⑤ **헌법재판소** : 법률이나 사회제도 등 헌법에 맞는지 판정
  - ⑥ **행정법원** : 행정사건을 심판
  - ⑦ **특허법원** : 특허심판원의 심결과 품종보호위원회의 심결에 대한 취소소송을 담당
- 국민의 대표로 구성된 입법기관
- 법률을 제정하고, 행정부와 사법부를 감시
- 국민의 선거에 의해 선출된 국회의원으로 구성
- **국회의원** : 임기는 4년
- **재판의 종류**
  - ① **민사재판** : 개인의 사사로운 문제의 다툼이 생겼을 때 해결해주는 심판
  - ② **형사재판** : 다른 사람의 생명과 재산에 피해를 끼치는 강도, 살인, 절도, 폭행으로부터 국민을 보호하고 사회질서를 유지하기 위한 심판
  - ③ **행정재판** : 행정기관이 법에 어긋나는 행위를 하여 개인에게 손해를 입혔을 때 그 행위를 무효로 하기 위한 재판
  - ④ **헌법재판** : 헌법을 잘 지켜 국민의 자유와 권리를 보장하도록 하는 재판
  - ❖ **3심제도** : 공정한 재판을 위해 한 사건에 대해 세 번 심판을 받을 수 있도록 하는 제도

🔴 행정부

- 정부 : 나라의 살림을 맡아 하는 곳으로 대통령, 국무총리, 국무위원과 공무원으로 구성
- 행정부가 하는 일

  ① 법률에 따라 나라 살림을 맡아 함
  ② 민주복지사회를 만들기 위해 노력함
  ③ 국민의 생명과 재산을 보호함.

❖ 대통령

- 국가의 원수로서 국가를 대표하고 행정부의 최고 책임자
- 임기 : 5년. 중임할 수 없다.
- 역대 대통령

1~3대	이승만 (초대대통령)	14대	김영삼
4대	윤보선	15대	김대중 (노벨평화상수상)
5~9대	박정희 (새마을운동, 경제개발5개년계획)	16대	노무현
10대	최규화	17대	이명박
11~12대	전두환	18대	박근혜
13대	노태우		

🔴 국민의 4대 의무 및 교육제도

국민의 4대 의무

① **국방의 의무** : 국민으로서 나라를 지켜야 하는 의무
② **납세의 의무** : 국민이 국가 유지에 필요한 세금을 내야 하는 의무
③ **교육의 의무** : 국민이 법으로 정해진 기간 동안 교육을 받을 의무
④ **근로의 의무** : 국민이 나라의 발전을 위해 일을 해야 할 의무

정식국명	대한민국
수도	서울
국가	애국가
언어	한국어
민족	한민족
인구수	약 5천만 명(2014년 기준)
면적	약 10만㎢
정치체계	민주공화국
국가원수	박근혜 대통령
통화	대한민국 원(KRW)
종교	불교, 천주교, 개신교, 유교 등
경제	• GDP 1조 1,975억 세계 5위(2013년 IMF 기준) • 1인당 GDP 2만 3,837 세계 33위((2013년 IMF 기준)
자연환경	•지형적 특징 : 삼면이 바다. 북동쪽은 산이 많고, 남서쪽은 평야가 많음. 동해안은 수심이 깊고 해안선이 단조롭다. 황해안은 수심이 얕고, 갯벌이 발달했으며, 남해안은 해안선이 복잡하고, 섬들이 많다.

주요 강과 평야	강	평야	발달한 도시
	한강	김포평야, 안성평야, 경기평야	서울, 인천, 충주, 춘천 등
	금강	논산평야, 예당평야	공주, 부여, 논산, 대전 등
	영산강	나주평야	담양, 나주, 광주, 목포 등
	낙동강	김해평야	안동, 대구, 부산, 김해 등

교통로 (고개)	•한계령 : 서울 ↔ 속초　　•대관령 : 서울 ↔ 영동 지방 •조령 : 서울 ↔ 경상도　　•추풍령 : 충청북도 ↔ 경상북도
기후	※대한민국 기후의 특징 ① 사계절(봄, 여름, 가을, 겨울)의 구분이 뚜렷하다. ② 여름과 겨울의 기온차가 크다. ③ 계절풍이 분다. ※ 기후현상 ① 장마 : 여름철 지속적으로 비가 많이 내리는 것(6월 중순~7월 말) ② 꽃샘바람 : 이른 봄 꽃이 필 때 부는 쌀쌀한 바람. ③ 황사현상 : 봄에 중국에서 불어오는 모래먼지.

민주정치 원리	•국가의 주인은 국민이다.　　•법에 따라 나라를 다스린다. •국가 권력을 나누어 가진다.
삼권분립 제도	민주국가에서 국가의 권력을 입법. 사법. 행정의 세 가지로 권력 남용방지를 위한 제도 　① 입법부(국회) : 법을 제정 　② 사법부(법원) : 법을 심판 　③ 행정부(정부) : 정책결정 및 시행
다수결의 원칙	어떤 문제의 해결에 있어서 다수의 의견으로 결정하는 방법(소수의 의견도 존중해야 한다)
민주선거 4대원칙	① 보통선거　　② 직접선거　　③ 평등선거　　④ 비밀선거
재판의 종류	① 민사재판 : 개인끼리 사사로운 문제로 생긴 다툼 해결 ② 형사재판 : 다른 사람의 생명과 재산에 피해주는 것으로부터 보호하고 사회질서를 바로 　　잡기 위한 재판

經경 ·호니오 ᄂᆞᆯ 如심

蓮련 ·을 니

一切촁 히기 퍼니

그 모ᄃᆞ테 ·다 善뽕 薩삼

제品픔 ·을 어 금 낼 씨라 터 護홍 念념

이 ·미 ·ᄎᆞᆯ이리 一一切촁 念념 護홍

시는 解ㄱ애 다 脉ᆨ 昧명

盤ㄴ ·애 다 利링 弗ㅸ

한국을 알고싶어요

02 한국문화를 알고싶어요

매일매일 공부해요!

금의환향 (錦衣還鄉)
  출세(出世)하여 고향(故鄉)에 돌아옴을 이르는 말.

기고만장 (氣高萬丈)
  기운(氣運)이 만장이나 뻗치었다는 뜻.

기사회생 (起死回生)
  죽을 뻔하다 살아남.

난공불락 (難攻不落)
  공격하기 어려워 좀처럼 함락(陷落)되지 아니함.

두주불사 (斗酒不辭)
  술을 매우 잘 마심을 이르는 말.

"예절이란?"

사람과 사람이 더불어 살려면 생활 방법이 같아야 합니다.

그렇기 때문에 각자의 정해진 약속을 존중하고 지키고자 노력해야 합니다. 약속은 가장 합리적이고 편리한 생활 방식을 말하며, 이것을 관습이라고 합니다. 생활 방법을 모아 놓은 관습, 즉 사람과 사람의 약속인 생활방식이 예절입니다.

우리나라는 예로부터 나라의 근본을 충, 효, 예를 중요하게 생각했습니다. 특히 동방 예의지국이라 하여 예절을 중시하였습니다. 여러분들이 이 책을 통해 바른 생활과 간단한 예절을 자연스럽게 익혀서 몸과 마음이 건강하고 바람직한 한국인으로 다시 태어나길 바랍니다.

따라서, 본 장에서는 간단한 자기소개와 더불어 호칭, 전화 걸고 받기, 식사 및 음주 등 일상생활에서 꼭 필요한 기본적인 예절을 배우게 됩니다. 한글에 친해지고, 말 잘 하는 사람보다는 잘 말하는 사람이 되고, 한국의 사회 문화와 함께 예절을 지킬 줄 아는 친절한 사람이 되기 위해 반복 연습해야 합니다.

1. 생활문화

🔵 우리나라에서 처음 윗사람을 만났을 때 인사는 "〔 〕〔 〕하십니까?" 또는 "처음 뵙겠습니다."로 표현을 합니다.

🙂 친구나 아랫사람을 만났을 때는 **"안녕?"**이라고 표현해요.

🔵 만났다가 헤어질 때는 "안녕히 〔 〕〔 〕〔 〕." 또는 "또 뵙겠습니다."로 표현합니다.

🙂 만났나가 헤어질 때는 "안녕히 **가세요.**"라고 해요. 친구나 아랫사람과 만났다가 헤어질 때는 "안녕!", "잘 가!" 등의 표현이 있어요.

🔵 어른과 함께 식사를 할 때의 인사는 "〔 〕 먹겠습니다." 또는 "많이 드세요."라고 합니다.

🙂 어른과 함께 식사를 할 때는 "**잘** 먹겠습니다." 또는 "맛있게 많이 드세요."라고 말해요. 친구나 아랫사람과 함께 식사를 할 때에는 "**잘** 먹을게.", "**많이 먹어.**" 등의 표현을 사용해요.

🌸 우리나라와 각 나라의 주요 인사말을 한국말과 여러분의 나라 말로 하면서 비교해 봅시다.

🔵 누군가에게 도움을 받아서 감사함을 나타낼 때에는 "〔 〕〔 〕〔 〕〔 〕〔 〕." 또는 "고맙습니다."라고 표현하며, 친구나 아랫사람에게 고마움을 전할 때는 "고마워!"라고 표현합니다.

🙂 고마울 때는 "**감사합니다.**" 또는 "**고맙습니다.**"로, 축하할 때는 "**축하드립니다.**" 아랫사람이나 친구에게는 "**축하해.**"라고 표현해요.

🔵 우리나라의 새해 인사는 "새해 〔 〕 많이 받으세요."라고 인사합니다.

🙂 우리나라는 양력 1월 1일 새해에는 새해 인사를 합니다. 만나는 사람끼리 서로 "**새해 복 많이 받으세요.**", "**새해에는 소원 성취하세요.**"라고 덕담을 주고받아요.

만나서 반갑습니다.
• 또 뵙겠습니다. 안녕히 계세요. • 생신(졸업)을 축하드립니다.

외출할 때 웃어른께 인사는 "⬜⬜⬜⬜ 습니다."로 하며, 아랫사람이나 친구에게는 "다녀올게."로 표현합니다.

외출 후 돌아와서의 인사는 윗사람에게 "**다녀왔**습니다."와 아랫사람이나 친구에게는 "다녀왔어."라고 표현해요.

누군가에게 피해를 주어서 사과할 때 웃어른에게는 "⬜⬜ 합니다." 또는 "미안합니다."로 표현하며, 친구나 아랫사람에게는 "미안해."라고 표현합니다.

윗사람에게 사과할 때는 "**죄송**합니다.", 아랫사람에게는 "미안해."라고 해요.

• 잘 먹겠습니다.   • 오랜만입니다.
• 어서 오세요.   • 많이 파세요.
• 만수무강하세요.   • 힘내세요.
• 죄송합니다(미안합니다). 괜찮습니다.
• 일요일에 남편과 함께 '태극기 휘날리며'를 재미있게 보았어요.
• 나(저)의 취미는 요리이고, 나(저)는 잡채를 잘 만들어요.
• 나(저)의 특기는 태권도이며, 공인 2단입니다.

2. 소개와 호칭

🔵 안녕하세요? 처음 뵙겠습니다. 만나서 ⬜⬜⬜⬜⬜. 저는 몽골에서 온 '아디야' 입니다.

😊 처음 만나서 자기소개를 할 때는 "만나서 **반갑습니다**."라고 하며 웃는 얼굴로 악수를 합니다. 여러 명이 있는 곳에서 자기소개를 할 때의 인사는 허리와 머리를 같이 숙여 공손하게 인사해요.

🔵 저는 25살입니다. 저의 ⬜⬜ 는 요리입니다. 한국 음식은 김치찌개와 된장찌개를 잘 만들어요. 저는 말 타기를 잘합니다. 몽골의 '나담 축제' 때 시합에도 참가하여 상을 받은 적도 있습니다.

> 😊 내가 가장 좋아하고 즐겨하는 것을 '**취미**'라고 하며, 잘하는 것을 '특기'라고 해요.
> 몽골의 '나담 축제'는 매년 7월 11일-13일까지 몽골 독립기념 축하(를 위한)축제이며 말 타기, 활쏘기, 전통씨름 등이 열려요.

🔵 나의 친구 담딩홍 ⬜ 베트남 사람입니다. 그는 잘 생기고 친절한 유학생입니다.

😊 ~은/는 앞에 붙는 말은 문장의 주어 역할을 해요.

ㅎ 문법

> 받침이 있을 경우 '~은', 받침이 없을 경우 '~는'을 사용합니다.
> 한국어는 주어 + 목적어 + 서술어 순으로 표기합니다.
>
> 예) <u>나는</u> <u>학교에</u> <u>갑니다.</u>
>   (주어) (목적어) (서술어)

🔵 나(저)는 인천초등학교에서 영어 과목을 가르치는 ☐☐☐ 이고, 남편은 전자제품을 만드는 회사에 다닙니다.

😊 한국의 직업은 학생을 가르치는 **선생님**, 회사에서 일하는 **회사원**, 아픈 곳을 진료하고 치료하는 의사 등 직업이 있어요.

🔵 나의 가족은 어머니와 아버지 오빠와 언니, 나 5명이고 나는 1남 3녀 중 가장 어린 ☐☐ 입니다.

😊 가족 중 가장 어린 형제나 자매를 **막내**라고 해요.

> **꼭, 기억하세요!**
> - 나는 파란색을 좋아해요. 나의 옷은 대부분 파란색이에요.

02 호칭 (상대방을 부를 때)

🔵 남편의 아버지를 부를 때는 '**아버지, 아버님**'이라고 부릅니다. 남편의 어머니는 '**어머니**, ☐☐☐'이라고 부릅니다.

😊 남편의 어머니(아버지)를 가리킬 때는 시어머니(시아버지)로 표현하며, 부를 때는 어머님(아버님)이라고 불러요.

🔵 남편의 형과 형수를 가리켜 '**시아주버니**'와 '**동서**'라고 하며, 부를 때에는 '**아주버님**, ☐☐☐'이라고 부릅니다.

😊 남편의 누나를 '시누이'라고 하며 부를 때는 '**형님**'이라고 불러요. 남편의 손아래 여동생 또한 '**시누이**'라고 하며 부를 때는 '**아가씨**'라고 불러요.

🌸 직장에서의 호칭에 대하여 이야기해 봅시다.

> **꼭, 기억하세요!**
> 이분은 누구예요?
> - 이분은 저의 시아주버니예요.
> - 시어머니는 예순 살이에요.
> - 저는 형님과 같이 마트에 장보러 가는 것을 좋아해요

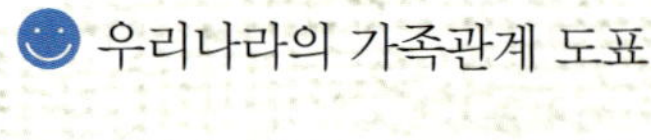 남편의 여동생을 가리킬 때는 시누이라고 하며 부를 때는 아가씨라고 합니다. 남편의 남동생은 '서방님, ☐☐☐' 이라고 합니다.

남편의 남동생을 부를 때는 '**도련님**' 또는 '**서방님**'이라고 불러요. 남편의 남동생이 결혼하여 부인이 있을 경우 그 부인을 가리켜 '(손아래)**동서**'라고 하며, 부를 때는 '**동서**'라고 해요.

우리나라의 가족관계 도표

[할아버지]　　[할머니]

[아버지]　　[어머니]

[시아주버지] [손위시누이] [남편] [손아래 시누이] [시동생]

[손위 동서] [손위시매부] [나] [손아래시매부] [손아래동서]

꼭, 기억하세요! ▶ 남편은 29살(스물아홉 살)이고 자동차 부품 만드는 회사에 다니고 있어요.

❀ 동기간에 대한 내용 설명입니다. 실생활에 사용합시다.

동기간	내 용
조손간	• 할아버지, 할머니 세대와 손자, 손녀 사이
부자간	• 아버지와 아들 사이
모자간	• 어머니와 아들 사이
부녀간	• 아버지와 딸 사이
모녀간	• 어머니와 딸 사이
형제간	• 남자 동기 사이
자매간	• 여자 동기 사이
남매간	• 남자 동기와 여자 동기 사이
부부간	• 남편과 아내 사이
구부간	• 시아버지와 며느리 사이 아이들이 동기보다 먼저 태어난 동기를 부를 때 호칭.
고부간	• 시어머니와 며느리 사이
숙질간	• 아버지, 어머니 세대와 아들 세대 조카 사이
형수	• 남자 동기들이 형의 아내를 말할 때
제수	• 남자 동기들이 동생의 아내를 말할 때
올케	• 오빠나 남동생의 아내를 여자가 말할 때
시누이	• 혼인한 여자가 남편의 누이나 여동생 사이
도련님	• 혼인한 여자가 남편의 장가 안든 동생 사이
서방님	• 혼인한 여자가 남편의 장가든 동생 사이
수숙간	• 형제의 아내와 남편의 형제 사이
백부, 백모	• 아버지의 큰형과 큰형수

3. 전화 걸고 받기

🔵 우리나라에서는 '☐☐☐'에 전화하여 모르는 전화번호를 물어봅니다.

😊 전화번호를 읽을 때 또는 개수를 셀 때 사용하는 한국어

0	1	2	3	4	5	6	7	8	9
공(영)	일	이	삼	사	오	육	칠	팔	구
빵(영)	하나	둘	셋	넷	다섯	여섯	일곱	여덟	아홉

🌸 인천 773–0909를 읽는 방법은(인천의 지역번호는 032)? 공삼이에 칠칠삼에 공구공구로 읽어요.

🌸 한국인은 4(사)자를 싫어해요. 엘리베이터 층 표시에도 4층을 F로 표시해요.

😊 우리나라 전국 지역별 지역번호 안내

전 국 지 역 전 화 번 호							
서 울	02	경 기	031	인 천	032	강 원	033
충 남	041	대 전	042	충 북	043	부 산	051
울 산	052	대 구	053	경 북	054	경 남	055
전 남	061	광 주	062	전 북	063	제 주	064

☯ 긴급을 요하는 전화는 아주 특수한 상황에만 사용합니다. 불이 나서 신고를 하거나 긴급하게 구조를 요청할 때는 112나 '☐☐☐'에 전화를 합니다.

😊 한국은 불이 났을 경우, 사고 등 긴급을 요하는 경우 '**119**'에 신고를 하여 구조요청을 해요. 기타 범죄나 강도 등 긴급할 때 **112**에 신고를 하면 돼요.

> **꼭**, 기억하세요!
>
> • '서지혜' 씨 휴대전화번호는 몇 번이에요?
> • 제 휴대전화번호는 공일공에 사일오팔에 구둘둘하나예요. (010–4158–9221를 알려 주는 방법이에요.)

☯ 이주민의 입국, 체류, 귀화 등에 관하여 문의하는 곳의 전화번호는 '☐☐☐☐' 입니다.

😊 '외국인 종합안내센터'에서는 외국인의 체류 연장, 귀화, 외국인등록 등 외국인에 관한 전반적인 상담을 하여주며, 대표전화번호는 '**1345**'예요.

🔴 산업현장에서 이주노동자의 노동관련 분쟁 및 문제에 대하여 정확하고 신속하게 상담하고자 개설 운영되고 있는 전화번호는 '□□□□'입니다.

😊 이주노동자의 임금 체납, 사업장 이동, 퇴직금 문제, 산업재해, 직장 내 폭언 폭행 및 성희롱 등의 신속한 상담 및 처리는 '031-435-5000'번과 '<u>1350</u>'으로 하시면 많은 도움을 받으실 수 있어요.

> **꼭**, 기억하세요! ▶ 인천 출입국관리사무소 전화번호를 알고 싶어요.

🔴 전화를 이용하여 음식을 주문할 때는 "선린동 3번지 2층에 자장면 두 그릇 □□ 해 주세요."라고 합니다.

😊 음식을 가정집에서 **배달**받을 경우에 음식점 전화번호를 누르고 원하는 음식의 종류와 수량, 배달 요청 시간, 배달을 원하는 장소의 주소 등을 정확히 이야기하고, 음식이 배달된 후 음식값을 내면 됩니다.

🌸 여러분의 나라 긴급구호요청 전화번호에 대하여 알아보고 이야기해 봅시다.

🌸 전화 대화의 기본 양식입니다. 따라 해보세요.

트란쾅 : 여보세요?
담딩홍 : 네, 여보세요?
트란쾅 : '담딩홍' 씨 집이지요?
담딩홍 : 네, 맞아요.
트란쾅 : '담딩홍' 씨 집에 계신가요?
담딩홍 : 아니오. 지금 집에 안 계시는데요.(네, 바꿔 드리겠어요. 잠깐만/잠시만 기다리세요.)

> **꼭**, 기억하세요!
- 안녕하세요? 저(나)는 '짠 반남'이에요.
- '담딩홍' 씨 집이죠? '담딩홍' 씨 좀 바꿔 주시겠어요?
- 말씀 좀 전해주시겠어요?
- 아닌데요. '담딩홍' 씨 집이 아닙니다. 전화 잘못 거셨어요.
- 죄송합니다만 '짠반남'한테서 전화 왔었다고 전해주세요.
- 안녕하세요? 여기는 '외국인 종합상담소'예요.

🔵 국제전화(여러분의 나라로 전화)를 할 경우 국제전화 ☐☐ 를 사용하거나 001, 002, 007 00 등 국제전화 번호를 사용합니다.

😊 여러분의 나라로 국제전화를 할 경우에는 상점에서 여러분의 나라에 알맞은 국제전화**카드**를 구매하여 전화하면 많은 돈을 아낄 수 있어요.

- 밤늦은 시간이나 식사 시간에는 되도록 전화를 삼가요.
- 통화 중 나의 실수로 끊기면 내 쪽에서 다시 전화를 걸어요.
- 통화 중 다른 사람과 이야기할 때는 수화기를 막아요.
- 어르신과 통화할 때는 전화를 먼저 끊지 않아요.
- 공공장소(지하철, 버스, 영화관, 공연장 등)에서 휴대폰은 진동으로 해요.
- 전화를 건 사람이 먼저 말을 해요.

꼭, 기억하세요!

- 우리 집은 선린동 40-3번지예요. 인터넷을 설치해주세요.
- 인터넷을 설치해주세요.
- 인터넷 사용료가 한 달에 얼마예요?
- 죄송합니다. 신문을 넣지 마세요. 다른 신문을 보고 있어요.
- TV 유선 설치를 부탁해요.

4. 식사, 음주, 놀이문화, 역사 및 인물

01 식사예절

🔵 어르신과 함께 음식을 먹을 경우에는 어르신께서 ☐☐ 음식을 드시면 따라서 먹습니다.

😊 어르신과 함께 음식을 먹을 때는 어르신께서 **먼저** 드시면 따라서 먹어요. 어르신이 식사가 끝나지 않았으나 자기의 식사가 끝났다고 먼저 자리를 일어서면 안 돼요. 어르신이 식사가 끝날 때까지 기다려야 해요.

🔴 우리나라 음식은 [ ] [ ] [ ] 않고 깨끗하게 다 먹는 것이 예의입니다.

> 😊 한국에서 음식을 드실 때에는 **남기지** 않고 깨끗하게 다 먹는 것이 좋아요. 뷔페식당을 찾았을 때에는 자기가 먹을 수 있는 만큼만 조금씩 덜어서 남기지 않고 깨끗하게 먹어야 해요. 그래야 환경보호도 하고, 물자도 아낄 수 있어요.

꼭, 기억하세요!
- 맛있게 드세요.
- 잘, 먹겠습니다. 많이 드세요.
- 음식 솜씨가 좋으시네요. 맛있게 잘, 먹었어요.
- 한국 음식은 맛있는데 너무 매워요.

🔴 생일날 또는 임산부가 아이를 낳으면 [ ] [ ] 국을 끓여 먹어요.

> 😊 시험 치는 날 또는 중요한 일이 있는 날에는 미끄러운 **미역**을 먹지 않는 관습이 있어요. 술을 많이 먹은 다음 날 아침에는 '해장국'을 끓여 먹어요. 해장국은 지역마다 조금씩 다르지만, 술 마신 다음 날 속이 아픈 것을 낫게 해줘요.

🔴 한국 음식 중 저렴하며 대중적 음식인 [ ] [ ] 은 김을 밑에 깔고 밥을 얇게 편 다음 단무지, 계란, 시금치 등을 넣어서 돌돌 말아 먹는 음식입니다.

> 😊 나들이를 갈 때나 간단하게 간식을 준비할 때 먹는 **김밥**은 한국인의 보편화된 간편한 식사예요.

🌸 서민적인 음식의 대표 '자장면'에 대한 추억을 이야기해 봅시다.
🌸 한국인의 간편한 식사 김밥을 만들어 봅시다.
🌸 '해장국'을 맛있게 끓이는 방법을 이야기해 보고 직접 만들어 봅시다.

꼭, 기억하세요!
- 무엇을 드시겠어요?
- 아이 생일날 김밥과 샌드위치를 만들어 주었어요.
- 생선은 싫어요. 돼지고기가 좋아요.
- 저는 남편을 위해 해장국을 잘 끓여요.

🔴 어르신이 술을 권하면 가볍게 인사를 하고 ☐☐ 으로 공손하게 술잔을 받아서 마십니다.

> 🙂 어르신께서 술을 마시라고 권하면 '고맙습니다.'라고 가볍게 머리를 가볍게 숙여 인사를 하고 **두 손**으로 공손하게 술잔을 받아서 마셔요.

🌸 여러분 나라의 술 마시는 문화에 대하여 이야기해 봅시다.

🔴 어르신께서 따라주신 술은 어르신께서 마신 후 마셔야 하며, 마실 때에는 몸을 ☐ 으로 살짝 돌려서 어르신이 직접 보지 않게 하여 천천히 마십니다.

> 🙂 어르신께서 권하여 따라주신 술은 몸을 **옆**으로 살짝 돌려 어르신이 직접 보지 않게 하여 천천히 마셔요. 또한, 어르신께 술을 권할 때에는 두 손으로 공손하게 따라 드려요.

꼭, 기억하세요! ▶
- 아버님, 한잔 받으세요.
- 건배해요, 건배! ──위하여!
- 소주는 싫어요. 막걸리가 좋아요.
- 죄송해요. 저는 술을 마시지 못해요.
- 건강을 위하여 술(약주)을 조금만 드세요.

🔴 한국인은 예로부터 노래를 좋아하는 민족입니다. 따라서 요즘 동네마다 ☐☐☐ 이 많이 있습니다. 가족, 친구들과 함께 찾아가 즐거운 시간을 보내요

> 🙂 가족과 함께 **노래방**에 갔을 경우는 어르신 먼저 노래를 부르실 수 있도록 배려해야 해요.

🔴 노래방을 방문했을 때 자기가 부를 노래를 책을 보고 ☐☐ 할 수 있으며, 해당 번호를 입력하면 예약이 됩니다.

🔴 예부터 전해 오는 어른들이 즐겨 부르는 전통가요를 ☐☐ 라고 하며, 대표적 곡은 아리랑이 있습니다.

🔴 우리나라의 전통놀이는 윷놀이, ☐ 뛰기, 제기차기, 팽이치기, ☐ 날리기, 농악놀이 등이 있어요. 농악놀이는 꽹과리, 징, 북 등 여러 가지 악기를 연주하면서 춤을 추어요.

🔴 윷놀이는 먼저 편을 나누고 말판을 이용 윷을 던져 결과에 따라 도, ☐ , 걸, ☐ , 모에 따라서 1칸부터 5칸의 말을 이동할 수 있어요. 윷과 모가 나오면 한 번 더 던질 수 있어요.

	도	개	걸	윷	모
모 양					
이동수	1칸	2칸	3칸	4칸	5칸
상징동물	돼지	개	양	소	말

한국은 매년 지역별로 문화축제가 열립니다. 유명한 문화축제로 4월 말에 서울 전역에 펼쳐지는 '서울 페스티벌' 5월 단오를 전후하여 강원도 강릉에서 열리는 ☐☐☐가 있고, 전라북도 남원에서 열리는 ☐☐☐, 9월에는 강화도에서 고인돌 축제가 있습니다.

매년 5월 말경에 강원도 강릉에서 열리는 **단오제**는 종묘제례 재현, 판소리 공연, 씨름대회, 그네뛰기 대회, 창포물에 머리감기 등의 행사가 열려요. 또한, 5월에 남원에서 열리는 남원 **춘향제**는 춘향선발 대회, 그네뛰기 대회, 판소리 공연 등 다양한 먹을거리와 볼거리가 있어요.

이주민을 위한 축제도 매년 열립니다.

매년 5월이면 꽃이 피고 날씨가 화창해져요. 이때 각 대학교 교정에서는 약 일주일간 축제가 열리고 이주민들을 위한 축제도 전국 각지에서 다양하게 열리고 있어요.

여러분의 나라 전통축제에 대하여 설명해 봅시다.

꼭, 기억하세요!
- '서울 페스티벌'은 정말 볼거리가 많아요. 청계천 야경도 멋있어요.
- 이주민을 위한 유명한 축제를 알려주세요.

🔴 한국 최초의 나라인 ☐☐☐ 은 단군왕검이 홍익인간 이념으로 나라를 세웠습니다.

> 🙂 우리나라 최초의 국가는 **고조선**으로 단군왕검이 널리 인간을 이롭게 한다는 건국이념을 가지고 건국을 하셨어요.
>
> 🙂 〈삼국유사〉에 "환인의 아들 환웅이 인간으로 변한 곰인 웅녀와 혼인하여 아이를 낳았는데 그가 곧 단군왕검이다"라는 기록이 남아 있다.
>
> 🙂 도읍지 : 아사달
>
> 🙂 8조법 : 고조선의 8조항으로 된 법률이나, 3개 조항만 전해짐
> **첫째** : 사람을 죽인 자는 사형에 처한다. **둘째** : 남을 다치게 한 자는 곡물로 배상하거나 50만 전으로 배상한다. **셋째** : 도둑질한 자는 노비로 삼는다. 고조선 사회는 생명 존중, 사유재산 인정, 농경사회, 계급사회임을 알 수 있다.

🔴 삼국시대의 삼국은 고구려, 백제, ☐☐ 세 나라를 말합니다.

> 🙂 삼국시대의 세 나라는 고구려, 백제, **신라**를 말하며, 이 세 나라를 신라가 통일했어요.
>
> • 고구려
>
> 　가. 압록강 중류지역 졸본에서 일어남
> 　　◻ 시조 : 주몽
> 　　◻ 건국 : 기원전 37년
> 　　◻ 도읍지 : 졸본→ 국내성→ 평양
> 　　◻ 소수림왕 : 고구려 17대왕. 불교 도입. 태학 설립. 율령 반포 및 고구려의 전성기를 마련
> 　　◻ 광개토대왕 : 고구려 19대왕. 북방영토 확장
> 　　◻ 장수왕 : 고구려 20대왕. 도읍을 국내성에서 평양성으로 옮기면서 남하정책
> 　　• 주요 문화재 : 광개토대왕비. 중원고구려비. 장군총. 무용총 등
>
> • 백제
>
> 　　◻ 한강 유역에서 일어난 나라로, 넓은 평야와 바다를 통해 무역을 활발히 하여 삼국 중 가장 빨리 전성기를 맞음.
> 　　◻ 시조 : 온조
> 　　◻ 건국 : 기원전 18년
> 　　◻ 도읍지 : 위례성→ 웅진→ 사비
> 　　◻ 근초고왕 : 중국의 요서. 산둥지역과 일본까지 활동 무대를 넓힘
> 　　• 주요 문화재 : 무령왕릉. 미륵사지석탑 등

• 신라

- 삼국 중 가장 늦게 만들어진 나라로 후에 삼국을 통일함.
- **시조** : 박혁거세
- **건국** : 기원전 57년
- **도읍지** : 금성(경주)
- **법흥왕** : 신라의 23대왕. 율령을 반포하고 군사제도 정비 및 불교 공인
- **진흥왕** : 신라의 24대왕. 한강유역 획득. 대가야 점령. 화랑제도 실시로 삼국 통일의 기반을 다짐
- **화랑도** : 꽃처럼 아름다운 남성의 무리라는 뜻으로 신라시대의 청소년 수련단체
- **골품제도** : 신라의 신부제도로서 출신성분에 따라 골과 품으로 나눔
- 주요 문화재 : 경주 첨성대, 단양적성비 등

• 가야

- 김수로왕을 추대하여 지금의 낙동강 하류지역에 여러 작은 나라들이 가야 연맹 왕국을 설립함
- 백제와 신라에게 멸망
- 가야의 우수한 문화는 신라의 문화에 영향을 줌

• 통일신라

[삼국 통일 과정]

나.당 연합(648년)→ 백제 멸망(660년)→ 고구려 멸망(668년)→ 나.당 전쟁(670~676년)→ 신라의 삼국 통일(676년)

- **김춘추(무열왕)** : 신라 29대왕으로 당나라와의 연합으로 신라의 삼국 통일의 결정적 역할을 함.
- **김유신** : 김춘추(무열왕)와 함께 삼국 통일에 기여한 신라의 장군.
- **문무왕** : 신라 30대왕으로 삼국 통일을 완성한 왕
- **원효** : 불교 발전에 큰 기여를 함

[삼국 통일의 의의]

삼국으로 나뉘었던 고구려, 백제, 신라를 하나로 통합하게 되었고, 신라를 기반으로 고구려와 백제의 문화를 통합함으로써 우수한 문화를 만들 수 있었다.

- 주요 문화재 : 석굴암, 불국사, 다보탑, 석가탑, 성덕대왕신종 등

• 발해

- 고구려 유민 출신 대조영이 한반도 북부와 중국 동북지역과 연해주 지역에 세운 나라로, 고구려의 정신을 이어받은 나라이다.

◻ 통일신라 말기 통치가 약해진 틈과 발해의 멸망 등 혼란한 시기에 후고구려, 후백제, 신라의 세 나라로 다시 나누어진 시기

◻ 궁예 : 후고구려를 세운 왕으로 가혹한 정치로 민심을 잃고, 태조 왕건에게 왕위를 빼앗기게 됨

◻ 견훤 : 완산주에 후백제를 세운 왕으로, 아들 신검의 반란으로 고려에 항복함

• 고 려

◻ 시조 : 왕건
◻ 건국 : 918년
◻ 도읍지 : 송악(개성)

[주요 사건]

◻ 거란의 침입

- 1차 침입 : 서희의 담판으로 거란의 침입을 막음. 그 결과 강동6주 획득

- 2차 침입 : 양규의 활약으로 거란의 침입을 물리침

- 3차 침입 : 강감찬 장군이 귀주에서 소배압의 10만 대군을 전멸시킴

◻ 몽골의 침입

- 원인 : 고려에서 공물을 가지고 가던 사신이 압록강에서 죽게 된 것을 구실로 침입

- 3차의 침입과 계속되는 몽고의 간섭으로 고려가 멸망하게 됨

◻ 삼별초 : 몽골에 항복하는 것에 반대하면서 강화도, 진도, 제주도에서 항쟁했지만 진압 당함

◻ 김부식 : 삼국사기 편찬

◻ 문익점 : 목화씨를 도입하여 의복에 영향을 줌

◻ 최무선 : 화약과 화포를 제작하여 군사기술을 발전시킴

◻ 공민왕 : 몽골식 풍습을 버리고 고려의 풍습을 되살림. 영토 회복에 앞장을 선 왕

• 주요 문화재 : 팔만대장경, 직지심체요절, 고려청자 등

• 조선시대

- ◉ 시조 : 이성계
- ◉ 건국 : 1392년
- ◉ 도읍지 : 한양(서울)
- ◉ 주요 사건
  - 위화도 회군 : 고려말기 요동정벌을 가는 중에 이성계장군이 위화도에서 군사를 돌려 정변을 일으킨 사건
  - 호패 : 조선태종 때 만들어진 오늘날의 주민등록증과 같은 것(이름, 출생연도, 만든 시기, 발행기관이 새겨져 있음)
  - 세종대왕 : 오늘날 중국과 경계선인 압록강과 두만강의 국경선을 확장시켰고, 과학기술을 발전시킴. 특히 백성들을 위한 한글을 창제함

- 훈민정음 : 국보 제70호로 세종대왕과 집현전 학자들이 편찬함

- 집현전 : 조선 전기 학문 연구를 위해 궁중에 설치한 기관으로 한글을 만드는 데 기여함

- 장영실 : 조선 전기 세종 때의 과학자. 최초 물시계인 자격루, 비온 양을 재는 측우기, 천체의 움직임을 관측하는 혼천의, 해시계인 앙부일구를 발명함

- 농사직설 : 조선 전기 세종 때 풍토에 맞는 농사법을 연구한 책으로 과학적으로 농사를 지을 수 있도록 만든 책

[거북선]

[상평통보]

- 임진왜란(1592년~1598년)

- 이순신 장군 : 임진왜란 때 일본군을 물리치는 데 큰 역할을 한 장군. 한산도 대첩, 명량대첩, 노량해전 등에서 철갑선인 거북선을 이용해 승리로 이끎

- 병자호란(1636년) : 중국 청나라의 조선에 대한 제2차 침입으로 일어난 전쟁으로 조선은 항쟁 끝에 남한산성에서 항복을 하는 굴욕적인 사전으로 남아있음

- 상평통보 : 1678년 만들어져서 조선 후기에 사용하던 화폐의 이름

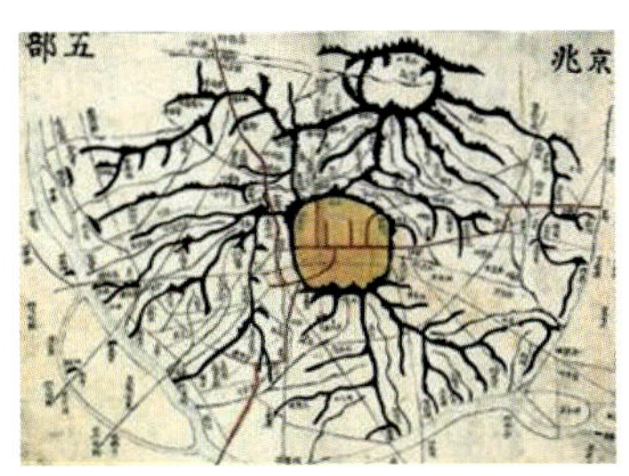

[대동여지도]

- **대동여지도** : 보물 850호. 김정호(金正浩)가 1861년(철종 12)에 제작한 우리나라 전도
- **정약용** : 조선시대 최고의 실학자. 목민심서 편찬, 거중기를 이용한 수원성을 만듦
- **실학** : 조선 말기, 실생활의 유익을 목표로 한 학문
- **김홍도** : 조선 후기의 대표적인 풍속 화가로, 씨름도와 서당도가 유명함

- **흥선대원군**

조선의 마지막 왕인 고종의 아버지. 인재 등용, 서원 철폐, 경복궁 중건 등 정치 개혁을 함. 외국인을 배척하는 쇄국정책으로 조선의 개화를 늦추게 됨(※척화비 : 서양의 침략을 일깨우고, 서양과 교류하지 않겠다는 결의를 다지는 비)

- **병인양요(1866년)**

유교가 중심 사상인 조선시대에 조상에게 제사를 금지하는 천주교의 박해로 프랑스 신부들과 천주교 교인들이 처형당하는 사건이 발생. 이를 빌미로 프랑스 군대가 침략한 사건

- **신미양요(1871년)**

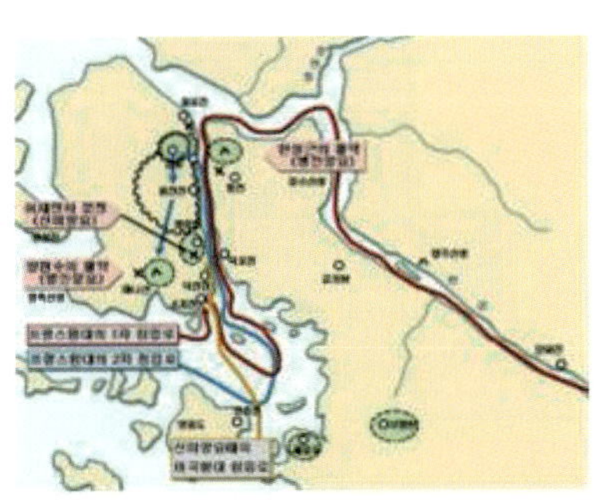

[신미양요]

미국 상선인 제너럴셔먼호가 조선의 공격을 받아 침몰하는 사건 발생. 이에 미국의 강화도 침략.

- **강화도 조약(1876년)**

조선이 외국(일본)과 최초로 맺은 근대적 조약. 불평등조약

- **임오군란(1882년)**

조선 시대, 1882(고종 19)년에 구식 군대의 군인들이 일본식 군대인 별기군(別技軍)과의 차별 대우와 밀린 급료에 대한 불만을 품고 일으킨 변란

- **갑신정변(1884년)**

김옥균, 박영효, 서재필 등이 조선의 개화를 위해 정변을 일으켰으나 청의 개입으로 3일 만에 실패함

- **동학농민운동(1894년)** : 조선 시대 1894(고종 31)년에 전봉준(全琫準)을 비롯한 동학도와 농민들이 일으킨 농민 운동. 전라도 고부 군수 조병갑(趙秉甲)의 횡포와 착취에 농민들이 항거한 데에서 비롯됨
- **최제우** : 사람이 곧 하늘이라는 사상을 기반으로 한 동학의 창시자
- **을미사변(1895년)과 아관파천(1896년)** : 일본군에 의한 명성황후(고종의 아내) 시해사건. 을미사변이 일어나자 고종 황제와 세자가 러시아 공사관으로 옮겨서 거처한 사건

◙ 주요 사건 및 인물

- **서재필** : 김옥균 등과 일으킨 갑신정변의 실패로 일본과 미국에서 망명생활 후에 귀국하여 독립 협회를 조직하고, 우리나라 최초의 민간 신문인 《독립신문》을 발간하였다.
- **독립협회** : 서재필이 대한민국의 자주독립을 목적으로 설립한 기구
- **독립신문** : 우리나라 최초의 현대식 순국문 신문
- **독립문** : 서재필(徐載弼) 중심의 독립 협회가 우리나라의 독립을 선언하기 위해 국민의 헌금으로 영은문(迎恩門) 자리에 1897(광무 1)년에 세운 석문(石門).

◙ 주요 문화재

[서울 4대문(大門)]

- 동대문(흥인지문) : 보물 제1호
- 서대문(돈의문) : 일제가 1915년 헐어버려 현재 남아있지 않다
- 남대문(숭례문) : 국보 제1호. 2008년 화재로 전소되어 2013년 5월 복원됨
- 북대문(숙정문) : 북악산 동쪽에 있는 성문
- 종묘 : 조선시대 역대의 왕과 왕비의 신주를 모신 사당
- **** 대한제국** : 고종 30년 1897년 10월부터 1910년 8월 22일까지 존속한 조선왕조의 국가. 1897년 고종은 아관파천 후 연호를 광무(光武)로 정하고 10월에 황제즉위식을 거행했으며 국호를 대한제국이라 선포함

◙ 주요 사건 및 인물

- **만민공동회** : 1898년 서울 종로에서 대한민국의 자주독립과 국민의 단결을 위해 개최한 강연회
- **을사조약(1905년)** : 1905년 러일전쟁에서 승리한 일제가 대한제국의 외교권을 박탈하기 위해 강제로 체결한 조약
- **민영환** : 조선의 주권을 빼앗은 을사조약에 반대하여 자결함
- **헤이그 특사** : 이준, 이상설, 이위종 3명이 일본의 부당함을 알리기 위해 네덜란드 헤이그에서 열리는 만국평화회의에 특사로 파견되었으나 일본의 방해로 참석하지 못함
- **안창호** : 평양에 대성학교를 세우고 흥사단 조직. 독립신문 창간. 독립운동가

[수원화성]

- 수원화성

정조가 아버지 장헌세자(사도세자)의 능을 양주 배봉산에서 수원의 화산으로 옮기면서 축조하기 시작. 실학의 영향으로 정약용의 거중기(擧重器)·활차(滑車) 등 근대적인 기기를 축성 공사에 사용했다. 1997년 유네스코 세계유산으로 등록

[경복궁]

- 경복궁

조선 시대의 궁궐. 1395(태조 4)년에 세워졌는데, 임진왜란 때 불에 타 버리고 고종 때 흥선 대원군에 의해 중건되었다. 국권 강탈 후 정면에 총독부 청사가 세워질 때 대부분 철거당하고 근정전, 경회루, 향원정, 집옥재 등만이 남아 있다. 현재 서울시 종로구 세종로에 소재하고 있으며, 사적 제117호로 지정되어 있다.

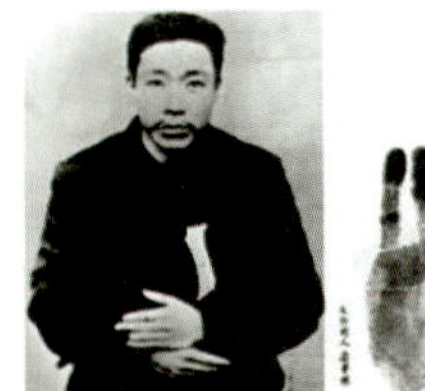

[안중근]

- 안중근 : 러시아 하얼빈에서 일본총독인 이토 히로부미를 암살함

** 일제강점기

- 일제의 침략과정

청일전쟁(1894~1895) → 일본의 승리→ 러일전쟁(1904~1905) → 일본의 승리 → 을사조약 체결 → 1910년 한일합방

◻ 주요 사건

- 3.1운동 : 1919년 3월 1일 식민지 지배에 저항하여 전 민족이 일어난 항일독립운동
- 유관순 : 일제강점기의 독립운동가로 3.1운동 당시에 아우내 장터에서 군중에게 태극기를 나눠주는 등 만세시위를 주도하다가 체포되어 옥사함
- 대한민국 임시정부 수립 : 3.1운동 직후 대한민국 독립을 위해 1919년 중국 상하이에서 대한민국 임시정부 조직
- 김좌진장군(청산리대첩) : 독립운동가. 1920년 10월 20일~23일 청산리지역으로 유인되어 들어온 일본군을 물리침.
- 홍범도장군(봉오동전투) : 독립운동가. 봉오동전투에서 일본군을 기습 공격하여 승리을 거둠.

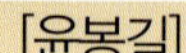

[윤봉길]	[김 구]

- 윤봉길 : 일제강점기 독립운동가. 1932년 4월 29일 상하이[上海] 훙커우 공원[虹口公園]에서 개최된 일본의 전승축하기념식에 참석한 일본군 수뇌부를 폭살(爆殺)했다.

- 김구 : 대한민국 임시정부 주석에 선임됨. 신민회, 애국단 등에서 활동한 정치가. 독립운동가. 저서로[백범일지], [나의 소원]

◎ 현대의 대한민국

- 8.15광복 : 1945년 8월15일 일제의 식민통치로부터 자주독립을 찾음

- 6.25전쟁 : 한반도와 그 부속 노서에서 1950년 6월 25일에 북한(소위 '조선민주주의인민공화국')이 대한민국을 침공하여 발발했고, 1953년 7월 27일부로 정전된 전쟁

- 4.19혁명(1960년) : 이승만 초대 대통령의 장기 집권과 정치적 혼란에 의해 촉발된 민주주의 혁명. 이로 이승만 대통령이 물러나고 민주주의 정부 시작

- 5.16군사혁명(1961년) : 제2공화국인 장면 내각의 정치적 혼란과 무능력을 틈타 박정희 장군의 주도로 일어난 군사혁명. 박정희 장군은 18년 동안 대통령으로 장기 집권함

- 경제개발 5개년계획 : 1962년부터 1981년까지 국민경제발전을 위해 실시된 경제계획. 이 결과 우리나라 경제가 고속 성장과 경제 부흥을 이룸

- 새마을 운동 : 1970년대 한국사회에서 일어난 범국민적 지역사회개발운동

- 유신정권 : 박정희 대통령의 장기 집권으로 불만이 고조되자 1972년 10월 대한민국 헌법을 바꾸어 정권을 유지하기 위해 오늘날의 의회주의와 삼권분립의 헌정체제와 다른 대통령에게 강력한 통치권을 부여하는 권위주의 통치체제를 형성함

- 10.26사태(1979년) : 중앙정보부장인 김재규에게 박정희 대통령이 암살당한 사건

- 12.12사태(1979년) : 10.26사태 이후 군인 출신인 전두환과 노태우에 의하여 일어난 군사반란사건. 이후 전두환(11대, 12대). 노태우(13대)대통령으로 취임

- 5.18민주화 운동(1980년) : 전두환 정권의 군부독재를 반대하면서 광주에서 일어난 민주화 운동

- 6월 민주 항쟁(1987년) : 전두환 정권의 '4 · 13호헌조치'발표를 비판하여 일어난 민주화운동으로 군부독재 정권의 종말과 민주정부 수립의 결정적인 역할을 함

🔵 서기 918년 왕건은 새로운 나라 □□ 를 세웠습니다. 이때 많은 아라비아 상인들이 왕래하면서 '코리아'라고 불러서 현재 우리나라의 국제 대외 명칭이 'KOREA'로 되었다고 합니다.

🙂 918년 왕건은 후삼국시대의 삼국을 통일하여 **고려**라는 새로운 나라를 세웠어요.

꼭, 기억하세요! ▶ • '태조 왕건' 드라마를 TV에서 보았어요. 참! 재미있었어요.

🔵 왕건이 세운 나라인 고려는 500년간 번영을 누렸습니다. 고려의 무역선들은 세계를 누비고 다니며 고려를 세계에 알렸으며, 당시 고려의 세계적인 무역항인 □□□ 에는 외국 상인들이 많았습니다.

🙂 세계에 알려진 고려의 무역항은 **벽란도**였어요.

🔵 당시 고려의 주요한 수출은 □□□ 였습니다. 흙으로 빚어 유약을 바른 후 고온에 구워내는 특유한 그릇이나 술병, 술잔, 꽃병, 기타 생활용품들은 우리나라를 대표하는 세계적 문화유산입니다.

〈그림12 고려청자〉

고려**도자기**의 특징은 청자의 비색, 상감 기법, 무늬, 그리고 기형에 있어요. 비취색은 청자의 푸른색을 지칭하는 것으로, 이것을 고려청자라고 해요. 고려청자는 중국 송 청자의 영향을 받았지만 송 청자와는 다른 푸른색을 개발했어요.

🔵 1392년 이성계는 새로운 나라 ☐☐ 을 세웠으며, 조선시대는 양반, 상민, 천민 등 계급이 구분된 신분사회였습니다.

> 😊 고려 말 이성계는 위화도 회군을 강행 새로운 나라인 조선을 건국하였어요. 이때 **조선** 왕조는 양반, 중인, 상민, 천민 등 계급이 뚜렷하게 구분된 계급사회였어요.

🔵 조선시대 제4대 임금인 ☐☐☐☐ 께서 지금 여러분이 배우고 있는 한글을 만드셨습니다.

> 😊 우리나라의 문자 한글은 1443년 **세종대왕**께서 만드신 것이에요. '한글'이란 큰 또는 바른 글자라는 뜻이며, 옛날에는 '훈민정음'이라고 불렀어요.

🔵 조선시대 때 우리나라 남쪽 지방에는 왜군이 수시로 침략했습니다. 임진왜란 당시 어려움에 처한 조선을 최초의 철갑선인 ☐☐☐ 을 만들어 구해내신 분은 ☐☐☐ 장군이십니다.

> 😊 이순신 장군은 조선시대 우리나라의 남쪽지방을 자주 침략하여 나라를 어지럽히고 백성을 괴롭힌 왜구를 세계최초 철갑선인 **거북선**을 만들어 어려움에 처한 나라를 구하셨어요. 서울 광화문 사거리에 **이순신** 장군의 동상이 있어 나라 사랑에 대한 마음을 아직도 배우고 있어요.

🔵 1910년 우리나라는 일본의 강제 침략으로 말미암아 잠시 나라를 잃는 아픔을 겪었습니다. 당시 김구, 유관순, 안중근 등 애국선열들의 몸과 마음을 바쳐 ☐☐☐☐ 을 하신 애국선열들 덕분에 나라를 다시 찾을 수 있었습니다.

> 😊 일본은 우리나라를 강제 침략하여 나라를 없애려고 했습니다. 하지만, 애국선열들의 몸과 마음을 바친 **독립운동**으로 말미암아 1945년 잃었던 나라를 다시 찾게 되었어요.

◉ 현재 우리나라의 이름인 [　][　][　] 은 정부수립을 1948년 전 세계에 선포하면서 주권국가로서의 전모를 세계에 알리기 시작했습니다.

> 😊 1945년 8월 15일 일본의 침략으로 잠시 잃었던 나라를 되찾고 나서 1948년 **대한민국**이라는 국호로 정부수립을 하였어요. 1950년 6월 25일 북한의 도발로 민족끼리의 전쟁이 일어났으며, 1953년 휴전으로 말미암아 현재의 38선(휴전선)이 생겨 세계 유일의 분단국가로 남아 있게 된 것이에요.

> ❀ 1950년 한국 6·25 전쟁 당시 유엔군으로 참전한 16개국을 알아보고, 자유 민주국가 수호에 목숨과 물자를 아끼지 않으신 나라에 대하여 이야기해 봅시다.

> **꼭, 기억하세요!** ▶ · 판문점에 가보고 싶어요. 이산가족의 슬픔을 조금은 알 것 같아요.

◉ 1970년대 박정희 대통령은 '[　][　][　] 운동'을 제창하시어 전 국민 잘살기 운동을 대대적으로 전개하였습니다.

> 😊 우리나라는 1950년 6·25 전쟁으로 말미암아 전 국토는 황폐화되고 산업시설과 도로, 다리는 파괴되어 세계에서 가장 가난한 나라였어요. 1970년대 박정희 대통령은 경제계획 5개년 계획을 수립하였고, 국민의 의식개혁을 통한 전 국민 잘살기 운동으로 '**새마을**운동'을 제창·선포하고 국가 재건에 힘쓰셨어요.

◉ 1988년 세계 하계올림픽 대회를 개최하면서 대한민국의 위상은 세계 만천하에 전쟁의 잿더미, 세계 최하위 경제국가 이미지를 단숨에 바꾸어 '[　][　] 의 기적'을 만들어 냈습니다. 또한, 2002년 [　][　][　] 을 성공적으로 개최하였고 세계 4강의 축구 실력도 뽐냈습니다.

> 😊 전쟁의 잿더미, 세계 최하위 경제국, 조그마한 분단의 국가인 대한민국이 '하면 된다'라는 의욕과 은근과 끈기의 근면성, 교육열 등 덕분에 세계 10대 경제 대국이 되었어요. 외국 언론들은 이를 '**한강**의 기적'이라고 찬사를 아끼지 않았어요.
> 하면 된다는 성취 의욕 하나로 똘똘 뭉쳐서 일구어 낸 **월드컵**의 한국 내 성공적 개최와 더불어 4강 신화는 붉은 옷 입고 목이 쉬도록 한결같은 마음으로 응원한 결과예요.

🔵 2008년 한국인 최초의 우주인 ☐☐☐ 씨는 러시아 우주항공 센터의 협조로 우주에서 과학실험을 한 바 있으며, 전라남도 나로도에 한국 우주항공센터를 건립, 본격적인 달 탐사 및 대한민국 우주항공 시대를 활짝 열었습니다.

> 😊 러시아 항공우주국의 협조로 한국인 최초로 **이소연** 씨는 우주인이 되었어요. 그녀는 2008년 소유즈호를 타고 우주로 날아가 각종 과학실험을 성공적으로 마치고 지구로 돌아왔어요.

5. 명절, 기념일, 가정의례

01 　시간 및 숫자 개념 이해

🔵 2014년 01월 20일은 ☐☐☐☐ 년 ☐ 월 ☐ 일로 쓰며 읽습니다.

> 😊 2009년 12월 25일은 **이천구** 년 **십이월 이십오일**로 쓰고 읽어요. 연월일은 주로 생년월일을 말할 때 주로 사용해요. 1975년 06월 28일에 출생한 사람의 생년월일을 말할 때는 "저의(제) 생년월일은 천구백칠십오 년 유월 이십팔일이에요."라고 말해요.

🔵 시간 경과에 따른 표현은 그제(그저께) – 어제 – 오늘 – 내일 – ☐☐ – 글피로 표현합니다.

😊 시간의 경과에 따른 표현은 아래와 같이 해요.

그제 /그저께	어제	오늘	내일	모레	글피
13일	14일	15일	16일	17일	18일

🌸 여러분의 나라에서 사용하는 오늘, 내일, 모레, 어제 등 시간의 경과에 따른 표현과 비교해보고 이야기해 봅시다.

🔵 숫자는 10-열(십), 20-스물(이십), 30-서른(삼십), 40-마흔(사십), 50-쉰(오십), 60-☐☐ (육십), 70-일흔(칠십), 80-여든(☐☐), 90-아흔(구십), 100-백(백)으로 표현합니다.

😊 60-예순(**육십**), 80-여든(**팔십**)으로 표현해요.

🔵 숫자는 1,000-천, 10,000-, 100,000-십만, 1,000,000-백만, 10,000,000-천만으로 표현합니다.

😊 숫자의 한글 표현은 10,000원-**만**, 100,000,000- 일억으로 표현해요.

〈2012년 5월 달력〉

일	월	화	수	목	금	토
		1 근로자의 날	2	3	4	5 3.15
6	7	8 어버이 날	9	10	11	12
13	14	15 스승의 날	16	17	18	19
20	21 성년의 날	22	23	24	25	26
27	28 석가탄신일	29	30	31		

😊 5월은 가정의 달이라고도 해요.
😊 5월 5일 어린이날 밑에 작은 글씨는 음력날짜를 나타내요. 우리나라는 대부분 양력으로 날짜를 보지만, 설날, 추석날, 집에서 모시는 제사나 연세가 높으신 어르신의 생신은 음력(달력의 작은 글씨)으로 사용해요.

🔵 일주일에 대한 요일의 표현은 월요일, ☐요일, 수요일, 목요일, 금요일, 토요일, 일요일로 표현합니다.

😊 일주일에 대한 요일의 표현은 월, **화**, 수, 목, 금, 토, 일요일로 표현하며, 토요일과 일요일은 공휴일이에요.

🔵 우리나라는 전통적으로 음력을 많이 사용하였으나 서양문물이 유입되면서 정부에서 ☐☐ 사용을 권장하였습니다. 하지만, 아직 연세가 높으신 어르신의 생신이나 설날, 추석 등의 명절, 단오절, 석가탄신일 등은 음력을 사용합니다.

😊 달력의 큰 글씨는 **양력**을 표시하는 것이며, 양력 날짜 밑에 작게 쓰인 글씨를 음력이라고 해요.

- 저의 생년월일은 1966년 8월 15일이에요.
- 아버님 생신은 음력 8월 15일이에요.
- 이번 일요일에는 가족이 놀이동산에 놀러 가요.
- 아이의 학교 개학이 3월 2일이에요.
- 모레는 남편의 생일이에요. 음력 4월 12일이에요.

02 명절, 기념일, 가정의례

새해 첫날을 기념하며 돌아가신 조상님께 차례를 올리는 명절로 음력 1월 1일을 ☐☐ 이라고 합니다.

새해 첫날 우리나라 고유 명절인 **설날**은 음력 1월 1일이에요. 전통적 고유명절은 음력 1월 1일이며, 올 한해 무사안일을 기원하며 돌아가신 조상님께 차례를 지내며, 어르신들께 세배하고 세뱃돈을 받기도 해요. 또한, 설 명절에는 한국 고유의 전통의상인 한복을 입어요.

<그림13 설날 차례 음식>

차례는 아침 일찍 정성스럽게 만든 떡국이나 만둣국, 과일 등 음식을 차려 놓고 한 해 동안의 무사안일을 조상님께 기원하며 감사를 드려요. 차례 후 어른들께 세배를 한 후 떡국을 나눠 먹어요.

설 명절에는 조상님에게 차례가 끝나고 어르신께 세배하며 간단한 음식을 마련하여 조상의 묘를 찾아 ☐☐ 를 합니다.

〈그림14 조상의 묘 성묘〉

🙂 조상에게 차례를 지내고 어른께 세배가 끝나면 간단하게 음식을 준비하여 조상의 묘를 찾아가 감사하는 마음으로 **성묘**를 해요.

✿ 여러분의 나라 고유명절에 대하여 이야기해 봅시다.

- 추석에 할아버지 산소에 성묘를 다녀왔어요.
- 우리나라 고유명절에도 한국의 추석과 같은 명절이 있어요.
- 윷놀이는 참 재미있어요.

☯ 설 명절에는 복을 집안으로 불러들인다는 뜻으로 복 □□를 사기도 하며, 선물로 주기도 합니다.

〈그림15 복조리〉

🙂 우리나라 고유 전통명절인 설 명절에는 좋은 일만 생기고 집 안으로 복이 많이 들어오라는 의미로 **복조리**를 만들어 팔기도 하며 이웃에게 선물로 주기도 해요.

🔵 음력 8월 15일은 우리나라 전통 명절인 ☐☐ 입니다. 다른 말로는 '한가위'라고 합니다.

🙂 매년 음력 8월 15일은 일 년 가운데 가장 달의 크기가 큰 '한가위' **추석** 명절이며, 곡식과 과일을 풍성하게 거두어들인 것에 대한 감사함으로 조상님께 차례를 올리고 음식을 이웃과 나누어 먹는 한국 전통명절이에요.

꼭, 기억하세요! ▸ • 추석에는 어떤 음식을 먹어요?

🔵 '한가위' 명절에는 쌀가루로 반죽하여 속에 팥, 밤, 깨 등을 넣어 반달 모양으로 빚어 솔잎을 밑에 깔고 뜨거운 김으로 쪄서 만든 떡인 ☐☐ 을 만들어 나누어 먹습니다.

〈그림16 추석명절 음식 송편〉

🙂 예부터 음력 8월 15일 추석명절에는 송편을 만들어 조상님께 차례를 올리고 이웃과 나누어 먹어요. **송편** 을 예쁘게 잘 빚는 여인은 예쁜 아이를 낳는다는 이야 기도 전해져 와요.

🔵 추석명절에는 두 사람이 샅바(천으로 된 끈)를 잡고 모래판에서 넘어뜨리면 이기는 게임인 ☐☐ , 그네뛰기, 강강술래, 널뛰기 등의 놀이를 합니다.

🙂 추석에는 **씨름**, 높은 나무에 줄을 매달아 놓고 가운데 발판을 만든 곳에 혼자나 둘이 서 동시에 올라타 두 손으로 줄을 잡고 앞뒤로 왔다 갔다 하면서 하늘 높이 구르는 놀 이인 그네, 강강술래, 널뛰기 등을 하면서 보내요.

우리나라의 중요한 4대 국경일은 잃어버린 나라를 찾고자 전국적, 조직적으로 독립만세 운동을 한 3월 1일을 ▢▢▢ , 대한민국의 헌법을 만든 7월 17일을 ▢▢▢ , 1910년 일본의 침략에 의해 잃었던 나라를 되찾은 8월 15일을 기념하고 1948년 대한민국 정부 수립을 기념하는 광복절, 우리나라의 생일과도 같은 10월 3일을 개천절이라고 합니다.

일본의 강제 침략에 의해 잃었던 나라를 되찾고자 독립만세운동을 전국적으로 벌인 날인 3월 1일을 **삼일절**이라고 하며, 대한민국 헌법을 제정한 7월 17일을 **제헌절**, 잃었던 나라를 되찾고 대한민국 정수가 수립된 날을 기념하는 8월 15일을 광복절, 단군이 우리나라 최초의 나라인 고조선을 세운 날 10월 3일을 개천절로 제정하여 국가 기념일로 경축하고 있어요. 개천절이란 처음 하늘이 열린 날이란 뜻으로 우리나라의 생일과 같아요. 이러한 국경일에는 각 가정에 태극기를 달아야 해요.

〈그림17 태극기 계양모습〉

태극기는 정면에서 오른쪽에 달아요.

우리나라의 기념일은 많이 있습니다. 방정환 선생님이 국가 장래 희망이자 미래의 꿈나무들에게 높은 이상과 꿈을 심어주고자 만든 5월 5일을 ▢▢▢ 날이라고 하며, 나라를 위해 싸우시다가 돌아가신 순국선열의 뜻을 기리고자 만든 6월 6일을 현충일이라고 합니다.

1922년 방정환 선생님의 지도 아래 5월 1일을 기념일로 정한 것으로 출발했으며, 어린이들에게 민족정신을 고취하는 뜻이 들어 있었고, 1925년의 **어린이**날 기념행사에 전국의 소년·소녀들이 30만 명이나 참가할 정도로 성장했어요. 일제강점기 말기 총독부의 민족말살정책에 의해 1939년 일시 중단되기도 했습니다. 8·15해방 이후, 1946년부터 날짜를 5월 5일로 바꾸어 어린이날 기념행사를 재개했는데, 1957년 제35회 어린이날을 기점으로 내무부·법무부·문교부·보건사회부의 4개 부처 장관의 명의로 어린이헌장을 공포하여 어린이에 대한 기본사상을 재정립해 현재에 이르고 있어요.
애국선열과 국군장병들의 충절(忠節)을 추모하기 위해 국가가 정한 공휴일로 매년 6월 6일 각종 행사와 함께 대통령 이하 정부요인들, 그리고 국민이 국립묘지를 참배하며, 이날 오전 10시에 사이렌 소리와 함께 전 국민은 1분간 경건히 묵념을 하며 고인들의 명복을 빌어요. 1970년 6월 15일 대통령령으로 '관공서의 공휴일에 관한 규정'을 공포하여 이날을 공휴일로 정했으며, 이날은 국기를 반기로 달아요.

음력 4월 8일은 ☐☐☐☐ 일로 불교를 만드신 석가모니의 생일날입니다. 12월 25일은 예수님의 탄생을 축하는 크리스마스입니다.

> 음력 4월 8일은 사월 초파일이라고 하여, 불교를 만드신 석가모니의 생일을 축하하는 **석가탄신일**입니다. 12월 25일은 크리스마스이며, 전날을 크리스마스이브라고 하여 흰 눈이 내리면 화이트 크리스마스라 부르며 더 뜻깊은 날을 보내요.

조선 4대 임금이신 세종대왕께서 만드신 한글을 발전시키고 보존하기 위하여 제정된 ☐☐☐ 은 10월 9일입니다.

> 1926년 11월 4일 조선어연구회(한글학회의 전신)가 주축이 되어 매년 음력 9월 29일을 '가갸날'로 정하여 행사를 거행했고 1928년에 명칭을 '한글날'로 바꾸었습니다. 지금의 **한글날**은 1940년 원본〈훈민정음〉에 근거한 것으로, 1945년에 10월 9일로 확정되었습니다.

2월 14일은 밸런타인데이로 주로 여자들이 사랑하는 남자에게 초콜릿을 주면서 사랑을 고백하며, 3월 14일은 ☐☐☐ 데이로 남자들이 여자들에게 사탕 등을 주면서 사랑을 고백하는 날입니다.

> 3월 14일 남자가 여자에게 사랑을 고백하는 **화이트**데이예요.

사람이 이 세상에 태어난다고 하는 것은 정말 축복입니다. 출생에서 사망까지의 한국인의 일생은 출생, 결혼, 사망에 따른 장례는 중요한 일입니다. 아이가 출생하고 100일이 되는 날 백일잔치를 치르며, 첫 번째 생일날 치르는 행사를 ☐☐☐ 라고 합니다.

> 아이가 태어나고 1년 동안은 가장 병에 대한 저항력이 약한 시기예요. 따라서 아이가 태어나고 나서 100일을 지내고 일 년이 되는 것은 가족들에게 가장 큰 축복이었지요. 100일째 되는 날의 잔치를 백일잔치라 하고 첫 번째 생일날 하는 잔치를 **돌잔치**라고 해요.

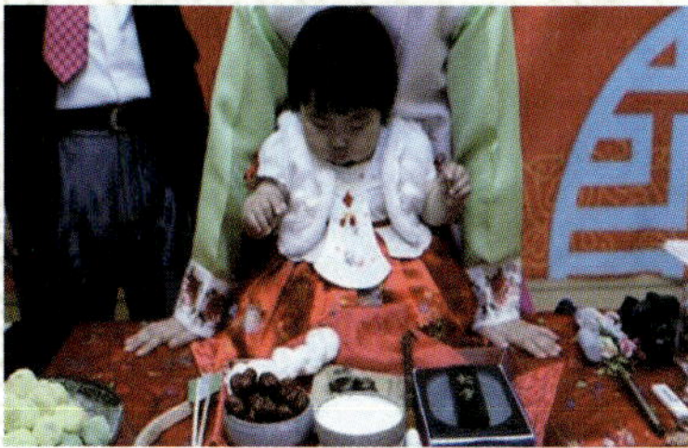

😊 아이가 태어나서 첫 번째 생일 때는 아이를 위하여 여러 가지 음식을 차리고 아이와 부모가 주인공이 되어 가족 친지를 모시고 돌잔치를 합니다. 돌잔치에서의 하이라이트는 돌잡이입니다. 돌잡이의 물건은 실, 돈, 연필, 책 등이 있으며, 아이가 좋아하는 것을 스스로 집게 한 후 아이의 장래를 점치는 행사가 곁들여집니다.

🌸 돌잡이에 사용되는 물건인 연필, 책, 돈, 실 등의 의미에 대하여 서로 이야기해 봅시다.

🔵 한국인은 만 17세가 되면 거주지의 시·군·구청에서 신분증인 ☐☐☐☐☐ 을 발급받습니다. 90일 이상 장기체류하시는 외국인은 거주지 관할 출입국관리사무소에서 ☐☐☐☐☐ 을 발급받아야 합니다.

😊 1962년 5월 10일 제정된 주민등록법에 따라 그 주소지의 시장·군수 또는 구청장이 관할구역 안에 주민등록이 된 자 가운데 17세 이상의 자에 대해 발급하는 신분증인 **주민등록증**은 주민의 거주관계를 파악하고 인구의 동태를 명확히 하여 행정사무의 적정한 처리를 목적으로 해요.

🌸 외국인등록증 발급은 입국한 날로부터 90일을 초과하여 대한민국에 체류할 경우 입국일로부터 90일 이내에 체류지 관할 출입국관리사무소에 외국인등록을 하여야 하며, 이를 위반하면 처벌받아요. 등록 시 필요한 서류는 사진 2매(2*3cm)와 체류를 하고자 하는 증빙서류를 가져가서 본인이 신청해요.

🔵 만 20세가 되는 사람 즉 어린이에서 어른으로 대접받을 수 있는 사회적 통과의례 날로 매년 5월 세 번째 월요일을 ☐☐ 의 날이라고 합니다.

😊 만 20세가 되는 **성년**의 날에는 친구나 가족들이 어린이에서 사회적으로 책임과 의무를 다할 수 있는 의미의 성년이 된 것을 축하해주기 위하여 꽃과 간단한 선물을 주며 성년의 날을 기념해요.

🔴 성년이 되어 부모로부터 독립할 나이가 되면 결혼을 하게 됩니다. 사랑하는 남녀가 만나서 양가의 합의가 있은 후 결혼식 전에 신부의 집에서 신랑 신부가 서로 결혼하기로 약속했다는 것을 친인척 분들께 알리는 것을 □□□ 이라고 하며, 결혼식 전날 신랑이 신부의 집에 보내는 결혼예물을 □ 이라고 합니다.

> 😊 결혼식 전에 신랑 신부가 서로 결혼하기로 약속했다는 것을 친인척 분들께 알리는 행사를 **약혼식**이라고 하며, 결혼식 전날 신랑의 집에서 신부의 집으로 보내는 예물상자를 **함**이라고 해요. 신랑 친구들이 함을 지고 신부 집으로 갈 때는 함을 팔러 간다고 하며, 신부 집 근처에 가서 큰소리로 '함 사세요!'를 외쳐대요. 동네 모든 분께 신부가 결혼한다는 것을 알리기 위한 한국 고유의 특이한 행사예요.

🌸 결혼식 전날이나 3일 전 신랑 집에서 신부 집으로 보내는 함 속에는 무엇을 담아 보내는지 알아보고 각각의 의미를 이야기해 봅시다.

🌸 여러분 나라의 특이한 결혼 풍습에 대하여 이야기해 봅시다.

꼭, 기억하세요!
- 결혼을 축하해요.
- 외국인등록증을 잃어버렸어요.. 외국인등록증을 재발급 받고 싶어요.
- 아기가 참 예쁘네요. 백일을 축하해요.

03 우리나라 교육제도

🔴 3~5살 정도가 되어 혼자서 기본적이 사회생활이 가능하면 아이는 어린이집이나 □□□ 에 가게 되며, 그곳에서 음악, 그림 등을 배웁니다.

> 😊 학령이 안 된 어린이의 심신 발달을 위한 교육 시설로, 쉬운 음악 · 그림 · 공작(工作) · 유희 따위를 가르치는 곳이 있습니다. 우리나라는 혼자서 어느 정도 사회생활이 가능한 3-5세 정도 아이가 이러한 시설인 유아원이나 **유치원**에 입학할 수 있어요.

🔴 한국에서는 8살이 되면 □□□□ 에 입학을 합니다. 초등학교에 입학하기 전 4-5살 정도가 되면 어린이집이나 유치원에 다니기도 합니다.

> 😊 7-8세가 되면 의무적으로 **초등학교** 6년 과정에 입학하게 되고 모든 비용은 국가에서 부담을 해요.

● 초등학교 과정 후 3년 과정의 [　　][　][　] 에 가며, 본 과정도 의무교육으로 국가에서 학비를 부담합니다.

☺ 우리나라의 **중학교** 과정은 3년 과정으로 국가에서 모든 비용을 부담하는 의무교육이에요. 특별한 사유 없이 학교에 진학을 시키지 않으면 법으로 처벌받아요.

● 중학교 3년 과정 후 [　][　][　][　] 에 진학하며, 중학교 과정 이후는 갖고 싶은 직업에 따라 진로를 결정하며, 법조인, 경영인, 외교관 등이 되고 싶으면 인문계열로 의사, 기술자, 컴퓨터 개발자 등이 되고 싶으면 자연계열 또는 공업기술계열로 진학합니다.

☺ 우리나라의 학제는 초등학교 6년, 중학교 3년, **고등학교** 3년, 대학 2년 또는 3년, 대학교 4년제 학제로 운영돼요. 유치원이나 초등학교는 살고 있는 집에서 가깝거나 본인 또는 부모가 원하는 곳에 입학할 수 있어요. 하지만, 중학교는 거주지에서 가까운 학교로 배정되고, 고등학교는 인문계나 공업계, 실업계 등으로 구분해 원하는 곳에 지원하게 됩니다.

● 대학교 또는 대학에 진학하고자 하는 자는 고등학교를 졸업했거나 이와 동등한 학력을 인정받은 자로서 [　][　][　][　][　][　] 시험을 보아야 하며, 학교별 면접이나 작문시험에 합격하여야 학교를 입학할 수 있습니다.

☺ 정규 고등학교 3년을 졸업하였거나 동등한 학력인정시험인 검정고시에 합격한 자 또는 외국에서 한국의 고등학교 졸업과 동등한 학력을 필한 자는 대학교에 입학할 시험에 응시할 수 있어요. 대학교 입학 전 학교별 시험 전에 대학교 입학을 원하는 전 학생을 대상으로 전국적으로 시행하는 일제고사를 **대학수학능력시험**이라고 해요.

● 한국의 [　][　] 은 고등학교 과정을 수료한 자 중 능력을 갖춘 자가 2년 또는 3년 과정으로 입학 후에 전문가 양성을 위한 교육을 받습니다.

☺ 고등학교를 수료한 자나 동등한 학력을 인정받은 자 가운데 일정한 자격기준에 달한 자는 **대학**에 진학하여 2년 또는 3년 동안 연구하여 전문학사를 취득할 수 있어요.

🔵 고등학교 3년을 마친 학생 또는 그와 동등한 학력을 인정받은 자(외국에서 동등학력의 인정을 받은 자) 중 원하는 자는 한국 내 원하는 대학에 입학전형을 하여 합격을 하면 ▢▢▢ 에 진학 전공과목을 공부하여 학사자격을 취득할 수 있습니다.

🙂 고등학교 졸업자 또는 그와 동등한 자격을 갖춘 자(국외에서 고교과정을 이수한 자 또는 국내에서 시행하는 학력인정 국가검정고시에 합격한 자 등)은 대학 수학능력평가시험에 응시할 수 있고, 원하는 **대학교**에 응시하여 합격, 입학허가를 받으면 대학교에 입학 전공과목을 공부할 수 있어요. 대학교는 4년 과정이며, 개인 사정에 의하여 휴학이나 복학을 할 수 있어요.

❀ 방송 통신을 통하여 대학 과정의 교육을 시행하는 교육 기관으로 방송통신대학교가 있어요. 이에 대하여 이야기해 봅시다.

❀ 대학 4년을 졸업한 학사 가운데 대학원에 진학을 원하는 사람은 석사, 박사과정 입학 연구, 학위를 받을 수 있습니다.

04 군대, 성씨제도 및 24절기

🔵 우리나라 국민은 모두가 국가에 대하여 4대 의무를 가집니다. 납세의무, 교육의무, 근로의무, 병역의무를 집니다. 따라서 한국 남성은 20세가 되면 징병검사를 받고 2년 정도 ▢▢ 에 가야 합니다.

🙂 우리나라 20세 남자는 병역의 의무를 가지며, **군대**에 가야 해요. 우리나라는 세계 유일의 분단국가로 국방의 특수성으로 말미암아 2년여의 군대를 제대하면 7년 정도 예비군훈련을 받아야 하고, 만 40세까지 민방위 훈련을 받아야 해요.

❀ 외국 국적에서 우리나라로 귀화한 자는 군대에 가지 않아요.

🔵 한 해의 봄이 시작된다는 입춘, 낮과 밤의 길이가 같은 춘분과 추분, 낮보다 밤의 길이가 더 긴 하지를 스물넷으로 나눈 계절의 표준이 되는 것을 24 ▢▢ 라고 하며, 이는 양력과 음력을 원리를 합하여 만든 시헌력을 이용, 농사를 짓는다든지 일상생활을 하는 데 지표로 사용하고 있습니다.

🙂 태음력의 구법(舊法)에 태양력의 원리를 맞춰 **24절기**의 시각과 하루의 시각을 정밀히 계산하여 만든 역법을 말하며. 24절기의 이름과 각각의 의미를 알아두면 편리해요.

〈한국의 24절기와 의미〉

순서	절기	의 미	순서	절기	의 미
봄	입춘	처음으로 봄기운이 나타나는 날	가을	입추	처음으로 가을기운이 나타나는 날
	우수	눈, 얼음이 녹는 날		처서	더위가 한풀 꺾이는 날
	경칩	겨울 동안 땅속에 있던 벌레가 나오는 날		백로	대기가 차가워져 처음 이슬이 내리는 날
	춘분	낮과 밤의 길이가 같아지는 날		추분	낮, 밤의 길이가 같아지는 날
	청명	풀과 나무의 새싹이 돋아나는 날		한로	이슬이 냉기로 얼게 되는 날
	곡우	봄비로 곡식에 새싹이 돋아나는 날		상강	이슬이 냉기로 서리가 되어 내리는 날
여름	입하	여름이 시작되는 날	겨울	입동	처음으로 겨울기운이 나타나는 날
	소만	만물이 많이 자람으로 보리가 익는 날		소설	눈이 조금씩 내리기 시작하는 날
	망종	씨앗을 뿌리는 날		대설	눈이 많이 내리기 시작하는 날
	하지	낮이 가장 긴 날		동지	낮이 가장 짧은 날
	소서	본격적인 더위가 시작된다는 날		소한	강추위가 몰려오기 시작하는 날
	대서	더위가 가장 심해지는 날		대한	추위가 가장 심해지는 날

❀ 절기마다 관련된 주요 민속행사를 이야기해 봅시다.

🔵 우리나라 성씨는 중국에서 한자문화가 유입된 이후인 삼국시대 (B.C 4세기)부터 사용하기 시작했습니다. 우리나라의 성씨는 김(金), 이(李), 박(朴), 최(崔)씨 등 약 300여 개의 성씨가 있습니다. 성씨 앞에 붙는   은 지명을 나타내며, 자신의 뿌리를 알 수 있습니다.

😊 **본관**이란 성씨가 처음으로 시작된 장소를 말하는 것으로 자신의 뿌리를 알 수 있어요. 본관이 가장 많은 순서는 김해 김씨, 밀양 박씨, 전주 이씨 순으로 많아요.

🔵 귀화를 하게 되면 성씨와 이름을 한국식으로 바꿀 수 있습니다. 귀화허가 후 개명을 하려면 주거지 관할   에 가서 개명 신청을 하실 수 있습니다.

😊 귀화 허가 후 본인이 원하면 외국 이름을 관할**법원**에 개명 신청(※개명이란? – 부르기 어려운 외국 원래 이름을 부르기 쉽고 기억하기 좋은 한국식 이름으로 바꾸는 것)을 하면 한국 이름으로 바꿀 수 있어요. 개명할 때는 본인이 원하는 성씨와 이름을 만들어 신청하면 돼요.

🌸 귀화 후 사용할 자신의 예쁜 이름을 미리 만들어 봅시다.

> **꼭**, 기억하세요!
>
> • 한국식 이름으로 개명하고 싶어요. 남편은 대구 달성 서씨예요.
> • 중국에 있는 동생이 한국으로 유학을 오고 싶어해요.
> • 제 이름은 외국 이름이라서 부르기가 불편해요.

** 알아두면 좋은 한국의 속설들

1. ☐☐ 은 제날짜보다 앞당겨도 뒤로 미루지는 않아요.

2. 닭의 ☐☐ 는 바람을 피운다며 남편에게 주지 않아요.

3. 닭의 ☐ 을 먹으면 노래를 잘한대요.

4. 우리나라는 순결함, 백의민족을 뜻하는 ☐ 색을 좋아해요.

5. 제사 상차림에 과일 중 ☐☐☐ 를 사용하지 않아요.

6. 이름은 ☐☐ 색이 죽음을 의미하여 사용하지 않아요.

7. 여성들이 입는 ☐☐ 의 길이가 짧아지면 불황이 온대요.

8. 여자에게 ☐☐ 을 선물하면 여자가 도망쳐 헤어진대요.

9. 아침에 ☐☐☐ 를 하면 온종일 재수 없다며 삼가요.

10. 결혼식이나 이삿날 ☐ 나 눈이 오면 행복하게 잘 산대요.

〈답〉 1. 생일 2. 날개 3. 목 4. 흰 5. 복숭아, 6. 빨간 7. 치마 8. 신발 9. 잔소리 10. 비

국가	애국가
작곡가	안익태
국기 다는 날	• 경축일. 기념일 　– 4대국경일 : 3.1절, 제헌절, 광복절, 개천절 　– 국군의 날, 한글날 • 조기 게양 　– 현충일, 국장 기간, 국민 장일 • 기타 : 정부가 지정한 날, 지방자치단체가 정하는 경사스러운 날
국경일과 기념일	• 3·1절(3월1일) : 일본의 식민통치에 항거하여 독립선언 발표를 기념하는 날 • 제헌절(7월 17일) : 헌법 공포를 기념하는 날 • 광복절(8월 15일) : 대한민국 정부 수립을 경축하는 날 • 개천절(10월 3일) : 최초 민족국가인 단군조선 건국을 기리는 닐 • 한글날(10월 9일) : 세종대왕의 한글 반포를 기념하는 날 • 석가탄신일(음력 4월 8일)·어린이날(5월 5일) • 어버이날(5월 8일)·스승의 날(5월 15일) • 현충일(6월 6일)·국군의 날(10월 1일) • 성탄절(12월 25일)
국가에 대한 맹세	〈나는 자랑스러운 태극기 앞에 자유롭고 정의로운 대한민국의 무궁한 영광을 위하여 충성을 다할 것을 굳게 다짐합니다.〉
세계문화유산	• 석굴암 : 신라 경덕왕 때 김대성이 축조. 화강암의 석굴 • 불국사 : 신라 경덕왕 때 김대성 창건 혜공왕 때 완공 • 해인사 장경판전 : 대장경판 보존. 해인사에 현존하는 가장 오래된 건물 • 종묘 : 조선왕조 역대 왕과 왕비의 신주를 모신 유교사당 • 창덕궁 : 서울 종로에 있는 조선시대 궁궐, 경복궁의 동쪽에 위치 • 수원화성 : 정조가 아버지사도세자 능을 옮기면서 축조. 정약용의 거중기 활용 • 고창.화순, 강화 고인돌 유적·경주 역사유적지구 • 제주 화산섬과 용암동굴·조선왕릉·화회와 양동마을
문화재	• 국보 제1호 : 숭례문(남대문) • 보물 제1호 : 흥인지문(동대문)
한글	• 세종대왕 • 훈민정음 : 백성을 가르치는 바른 소리

화폐	10원	50원	100원	
다보탑	벼 이삭	이순신 장군	학	
1,000원	5,000원	10,000원	50,000원	
퇴계 이황	율곡 이이	세종대왕	신사임당	

행정구역	① 특별시 : 서울특별시(1개) ② 특별자치시 : 세종특별자치시(1개) ③ 광역시 : 부산, 대구, 인천, 광주, 대전, 울산(6개) ④ 도 : 경기도, 강원도, 충청북도, 충청남도, 전라북도, 전라남도, 경상북도, 경상남도(8개) ⑤ 특별자치도 : 제주특별자치도(1개)
최초의 민족국가 고조선	• 세운 사람 : 단군왕검 • 건국이념 : 홍익인간(널리 인간을 이롭게 한다) • 참성단 : 강화도 마니산에 있는 제단 • 고인돌 : 청동기시대의 무덤 • 8조법 : 사람을 죽인 자는 사형에 처한다. 남에게 상해를 입힌 자는 곡식으로 갚아야 한다. 도둑질한 자는 데려다 종으로 삼는다.
삼국시대 성장	(표 아래 참조)

삼국시대 성장

구분	시조	도읍지	나라의 모습을 갖춘 시기
고구려	주몽	졸본성-국내성-평양	태조왕(2세기)
백제	온조	위례성-웅진-사비	고이왕(3세기)
신라	박혁거세	금성	내물왕(4세기)

삼국 통일 과정	과정 : 나·당 연합(648년) – 백제 멸망(660년) – 고구려 멸망(668년) – 나·당 전쟁(670~676년) – 신라의 삼국 통일(676년)

후삼국의 성립

후백제	견훤이 완산주(지금의 전주)에 건국
후고구려	궁예가 민심을 잃고 왕건이 추대됨
신라	세력이 약해져 경상도 지역에서만 유지

고려 태조왕건의 정책	① 민생안정정책 : 세금을 줄여줌 ② 민족융합정책 : 지방호족세력을 후하게 대접 ③ 불교숭상정책 : 불교를 장려하여 많은 절과 탑을 세움 ④ 북진정책 : 고구려의 옛 땅을 되찾고자 북쪽으로 영토 확장
거란의 침입	① 1차 침입 : 서희 담판. 강동 6주 획득 ② 2차 침입 : 양규 활약 ③ 3차 침입 : 강감찬의 귀주대첩
삼별초 항쟁	배중손의 지휘 하에 강화도·진도·제주도로 옮겨가며 항쟁

고려의 문화	• 팔만대장경판 : 부처의 힘으로 몽골의 침략을 막고자 만든 목판으로 해인사에 보관 • 직지심체요절 : 세계에서 가장 오래된 금속활자로 유네스코 세계기록유산으로 지정 • 고려청자 : 푸른빛을 띠며, 상감기법으로 무늬를 새김
조선시대 한양의 4대문	• 동(흥인지문), 서(돈의문), 남(숭례문), 북(숙정문)
경국대전	• 조선시대 최고의 법전
과학기술	• 앙부일구(해시계), 혼천의(천체의 움직임 관측기구), 측우기(비온 양 측정기구), 자격루 (물시계)
조선시대 신분제도	• 양반(관리자) , 중인(의학, 통역, 기술), 상민(농업, 수공업, 상업), 천민(노비, 광대, 백정, 무당)에 종사
임진왜란	• 이순신장군의 활약. 거북선을 만들어 왜군을 물리침(한산도대첩. 난중일기)
흥선대원군	• 개혁정책(인재등용, 서원 철폐, 재정확보, 경복궁 중건) • 쇄국정책(척화비)
강화도 조약 (1876년)	• 운요호사건을 계기로 체결됨 / 최고의 근대적 조약. 불평등조약
을미사변 (1895년)	• 일본의 명성황후시해사건 / 고종의 아관파천(러시아 공관으로 처소를 옮김)
3.1운동(1919년)	• 배경 : 2 · 8독립선언발표 • 의의 : 대한민국 임시정부가 세워지는 데 영향을 끼침 • 인물 : 유관순, 김구(대한민국 임시정부), 윤봉길, 안중근(이토 히로부미 사살), 김좌진 (청산리전투)
6.25전쟁 (1950년)	• 배경 : 남한과 북한은 민주주의와 공산주의로 이념이 대립 • 전개과정 : 1950년 6월 25일 북한의 남침 → 국군의 후퇴 → 유엔파견– 인천상륙작전 → 중국군의 개입 → 1953년 휴전 • 결과 : 남북으로 갈라짐. 이산가족이 생김
종교	• 불교, 유교, 기독교, 천도교, 무속신앙
명절과 세시풍 속	• 설 : 음력 1월 1일. 세배, 차례 지내기, 떡국 먹기, 윷놀이 • 추석 : 음력 8월 15일. 송편, 성묘하기, 씨름, 강강술래 • 정월대보름 : 음력 1월 15일. 오곡밥, 부럼, 쥐불놀이
한옥	• 온돌 : 북부지방에서 추위를 이겨내기 위해 만든 난방시설 • 마루 : 남부지방에서 방과 방 사이 연결통로. 통풍이 잘됨
관혼상제	• 관 : 오늘날의 성인식　　　　　• 혼 : 혼인 절차 • 상 : 사람이 죽었을 때 의식 절차　　• 제 : 돌아가신 조상을 위로하는 의식 절차
무형 문화재	• 판소리 : 광대가 고수의 북장단에 맞추어 소리와 아니리(말)로 하는 민속악 • 아리랑 : 한국의 대표적 민요. 정선, 밀양, 진도 아리랑 • 사물놀이 : 북, 징, 꽹과리, 장구 등으로 연주

제1부
한국을 알고싶어요
03 생활양식을
알고싶어요

매일매일 공부해요!

만수무강(萬壽無疆)
 아무런 탈 없이 아주 오래 삶.

문전성시(門前成市)
 찾아오는 사람이 많아 시장을 이루듯 함.

박장대소(拍掌大笑)
 손뼉을 치며 크게 웃음.

미봉책(彌縫策)
 눈가림만 하는 일시적인 계책(計策).

벽창우(碧昌牛)
 앞뒤가 꽉 막힌 사람(융통성 없는 사람)

한국인처럼 생각하고 생활하기

이주민 모두는 그들의 고유 전통문화와 습관을 간직하면서 한국사회에서 한국의 사회와 문화를 접목하여 더불어 하나 된 삶을 살 수 있도록 노력해야 합니다. 또한, 그렇게 더불어 살 수 있도록 모든 이들이 기꺼이 도움을 주고받아야 합니다.

따라서 본 장에서 사회 전반적인 일상생활에 필요한 지식을 습득하여, 여러분의 생활이 좀 더 편리해지도록 노력해야 할 것입니다. 남의 도움 없이 스스로 문화생활을 영위하기 위하여 꼭 필요한 기본적인 생활양식인 관공서 이용하기, 은행 이용하기, 시장보기, 교통수단 이용하기, 각종 문화시설인 도서관, 목욕탕, 병원 등 이용하기 등을 본 교재를 통해 배우고 현장에 직접 나가 스스로 모든 것을 직접 실행해 봄으로써, 자신감을 얻고 앞으로 한국에서 혼자서 문화생활을 영위하는 데 어려움이 없도록 준비하고 지속적으로 반복연습을 해야 합니다.

1. 관공서 이용하기

🔴 우리나라의 ☐☐☐☐ 단위는 1단계 특별시(광역시, 도), 2단계 시, 군(구), 3단계 동(읍, 면)의 3층 구조로 되었습니다. 동(읍, 면)은 거주지 주민의 생활과 밀접한 관계가 있는 복지, 문화, 고용, 생활체육 등 주민생활서비스를 제공하는 곳으로 동사무소 또는 주민센터라고 합니다.

🙂 우리나라의 **행정구역** 단위는 광역자치단위인 특별시, 광역시, 도, 특별자치도(제주도)와 2단계 자치단계인 시, 군, 구 그리고 읍, 면 동으로 구성되어 있어요. 1995년부터 사용해 오던 동사무소를 2007년 주민센터로 바꾸어 부르게 되었고, 현재도 사회에서는 두 가지의 명칭이 혼용되어 사용되고 있어요. 명칭이 바뀐 이유는 동사무소가 복지 · 문화 · 고용 · 생활체육 등 주민생활 서비스를 주민 맞춤형으로 제공하는 통합 서비스 기관으로 전환된 데 따른 것으로, 달라진 동사무소의 기능에 맞춰 명칭도 바꾼다는 것이었어요.

🌸 여러분 나라의 행정구역에 대하여 이야기해보고 우리나라와 비교해 봅시다.
🌸 우리나라 안산시 외국인 전용 주민센터를 방문해서 하시는 일에 대하여 체험해 봅시다.

01 주민센터 및 시(군, 구)청 이용하기

🔴 여러분 나라의 행정구역에 대하여 이야기해보고 우리나라와 비교해 봅시다.

🔴 ☐☐☐☐ (일명 동사무소)에서는 해당 거주자 및 다른 지역 거주자의 주민등록 등본, 주민등록 초본, 인감증명서 등을 발급받을 수 있으며, 주민등록 사항에 대하여 정정(고쳐서 바로 잡음)하거나 전입, 출생, 사망 신고 등의 업무를 하는 곳입니다.

🙂 **주민센터**(동사무소)는 거주지의 가까운 곳에 위치하여 있으며, 주민의 일상생활에 도움을 주고 보살피는 곳이에요.

🔵 주민등록등본 및 초본을 발급받을 때 신청인 본인이 직접 주민센터를 방문하면 가능하며 ☐☐☐ 의 경우는 신청인의 신분증과 위임장 및 대리인의 신분증이 필요합니다.

🙂 우리나라는 1990년대 주민등록 전산화로 실거주지 주민센터가 아닌 전국 어느 주민센터에서도 모든 개인 정보를 열람 또는 발급받을 수 있어요. 또한, 개인 신분의 인증이 된 자는 무인발급기 및 인터넷을 통하여 신청 및 발급받을 수 있어요. 본인이 직접 방문할 수 없을 때는 **대리인**이 발급받을 수 있어요.

꼭, 기억하세요! ▶ • 송월동 주민센터 전화번호 좀 알려주세요

🔵 2008년 1월 1일부터 호적이 ☐☐☐☐☐ 제도로 바뀜에 따라 호적상의 가족들을 각 개인별로 나누고, 한 사람마다 등록부가 작성됩니다.

🙂 우리나라는 2008년 1월 1일부터 호주제가 폐지되고 새로운 가족제도가 시행되었어요. 새롭게 시행된 **가족관계등록제도**는 호적상의 가족들을 각 개인별로 나누고, 한 사람마다 등록부가 작성되는 제도를 말해요. 따라서 원래 호적제도에서는 본적이 호주의 본적을 따랐으나 본적이 없어지면서 개인이 등록하고 싶은 곳에 자유롭게 선택할 수 있는 등록기준지가 새로 생겼어요.

🔵 아이의 출생신고는 아이의 아버지나 엄마 또는 가족이 주민센터를 방문해서 할 수 있으며, 출생한 날로부터 ☐ 달 이내에 해야 합니다.

🙂 아이의 출생신고는 주민센터에 하셔야 하며 출생한 날로부터 **한** 달 이내에 해야 해요. 기간이 넘어서 신고하면 과태료를 내야 해요(50,000원 이하) 출생신고서류는 출생신고서(주민센터에 있어요) 2부(통), 출생증명서 1부(병원의 의사 또는 출산에 관여한 자의 확인서)가 필요해요.

🔵 가족제도가 변경되기 전에는 호적에 개인의 모든 신분사항이 기록 관리되었으나, 가족관계 등록제도로 바뀌면서 다섯 가지 증명서로 바뀌었습니다. 개인의 기본적인 인적사항기록은 기본 증명서, 가족에 관한 기록사항은 증명서, 혼인에 관한 기록사항은 ☐☐ 관계증명서, 입양 및 파양에 관한 기록사항은 ☐☐☐☐ 입양관계증명서 및 친양자 관계증명서 등으로 구분 열람 및 발급을 할 수 있습니다.

😊 기존의 호적 등(초)본의 기록관리 사항이 가족관계 등록제도의 신설로 인하여 5가지로 변경·관리되어요. 5가지 개인 신상기록 관리 내용은 가족관계증명서, 기본 증명서, **혼인** 관계증명서, 입양관계증명서, **친양자**입양 관계증명서로 구분·관리돼요.
기존의 호적 등(초)본의 기록관리 사항이 가족관계 등록제도의 신설로 인하여 5가지로 변경·관리되어요. 5가지 개인 신상기록 관리 내용은 가족관계증명서, 기본 증명서, 혼인관계증명서, 입양관계증명서, 찬양자입양 관계증명서로 구분·관리돼요.

🔵 호주제 폐지에 따라 2008년부터 재혼가정의 입양자녀의 ☐ 씨는 엄마나 새 아빠의 성씨로 바꿀 수 있습니다.

😊 재혼가정의 아이는 새아빠의 성씨나 엄마의 **성**씨로 자유롭게 선택, 바꿀 수가 있어요. 또한, 재혼 가정에서 새로 태어난 자녀의 성씨는 엄마나 아빠 둘 중에 한 가지 성씨를 선택하여 출생신고를 할 수 있어요. 아이의 성씨 변경은 새 아빠가 아이를 친양자로 입양하거나 엄마가 아이의 성씨 변경 청구를 하면 돼요.

❀ 가까운 주민센터를 찾아가서 원하는 개인기록사항을 발급받아봅시다.

🔵 주민센터에서 발급받는 가족관계등록사항별 5가지 증명서 발급수수료는 [　] 원입니다.

😊 가족관계등록사항별 개인 기록사항 발급을 위한 수수료는 1,000원(**천** 원)이며, 수수료의 지급은 정부발행 수입인지를 구매하는 것이지요.

🔵 외국인등록의 체류지(사는 곳)가 바뀌었을 경우에 주소지를 변경할 수 있는 곳은 거주지 관할 출입국관리사무소, 거주지 관할 [　] (군·구)청 등입니다.

😊 외국인의 주소지가 변경되었을 때는 새로 이사를 한 곳을 관할하는 출입국관리사무소나 관할시청(구청, 지방의 경우 군청)에 변경일로부터 14일 이내 전입신고를 하여야 해요.
※단, 14일이 지났을 때 신고할 경우는 반드시 관할 출입국관리사무소에 하셔야 해요.

🔵 대한민국 여권을 신규로 발급받고자 하는 분은 신분증, 여권용 사진 2매를 준비하여 가까운 시·([　] ·구)청 여권 발급처에 신청·발급받을 수 있습니다.

😊 신규 여권을 발급받으려면 여권용 사진 2장과 주민등록증(혹은 운전면허증)을 지참하고 주소지와는 상관없이 시 ·(**군** ·구청) 여권 발급처에 신청하면 돼요. 이때 수수료는 55,000원이며, 접수일로부터 3~4일 후에 여권을 받게 돼요.

02 우체국 이용하기

🔵 우편, 은행, 보험, 택배, 쇼핑 등의 업무를 동시에 볼 수 있는 곳을 [　][　][　] 이라고 합니다.

😊 우리나라의 **우체국**은 우편물의 배송 업무, 우편 물 수령 발송, 소포배달, 금융업무(예금 및 송금), 특산물 판매, 국산 PC판매, 꽃 배달 서비스, 우표 주문판매, 취미우표 발행 및 판매 등의 업무를 〈우체국〉 종합적으로 볼 수 있어요.

🔵 우리나라 우체국에서 전 세계 약 130여 개국에 편지나 서류 작은 소포 등을 신속하고 정확하게 배송할 수 있는 우편물을 ☐☐☐(국제특급우편)이라고 합니다.

> 😊 우리나라에서 전 세계 약 130여 개 나라에 보낼 수 있는 우편으로 **E.M.S**(국제특급우편)가 있어요. 이것은 편지 및 간단한 서류, 작은 소포(30킬로그램 이하) 등을 신속하고(약 3~5일 소요됨.) 정확하게 배송하는 우편 시스템이에요. 여러분의 나라에 초청장 등의 중요한 서류를 발송할 때 긴요하게 사용할 수 있어요. 요금은 국가별로 차이가 약간씩 있으나 10,000원에서 15,000원 정도 해요.

🌸 여러분의 나라에서 우편물은 어디서 취급하나요? 이야기해 봅시다.

03 출입국관리사무소 및 치안센터 이용하기

🔵 외국인등록, 출입국 심사, 초청, 국적 및 귀화 업무, 각종 국내 체류 업무(체류 기간 연장, 체류 자격 변경, 체류 자격 부여, 동향 및 위반 조사, 보호외국인관리 및 출국업무) 등을 하는 곳을 ☐☐☐☐☐ 사무소라고 합니다.

> 😊 외국인의 등록 및 관리 업무를 하는 곳은 법무부 출입국, 외국인정책본부 출입국관리사무소예요. **출입국관리사무소**는 서울 양천구 목동에 소재한 서울출입국관리사무소를 비롯하여 전국에 시도별로 있어요.

🔵 결혼이민자, 유학생 등 장기체류 자격 국내 입국 외국인은 입국일로부터 ☐☐일 이내에 체류지 관할 출입국관리사무소에 외국인등록 및 체류 기간 연장을 해야 합니다.

> 😊 국내 거주 외국인은 여권 또는 외국인등록증을 반드시 가지고 다녀야 해요. 외국인등록은 **90일** 이내에 해야 하며, 준비 서류는 통합신청서, 여권, 반명함판 사진(3*4cm) 1매, 기타 증빙서류(결혼이민자의 경우 : 혼인관계증명서, 배우자의 신분증, 신원보증서, 수수료 1만 원)이며, 외국인등록증의 체류 기간 연장은 기간 만료 2달 전부터 연장 신청이 가능해요.

🌸 출입국관리사무소 ☎ 1345로 문의

🔴 외국인등록증의 앞면에는 외국인 ☐☐ 번호, 성명, ☐☐ , 체류자격, 주소, 체류 기간, 외국인등록증 발급 사무소 등이 기재되었습니다.

🙂 외국인등록증의 앞면에는 여권상의 이름, **외국인등록번호**(생년월일 및 일련번호), 외국인의 **국 적,** 체류지 주소, 발급 일자 및 체류 기간 만료 일자, 발급사무소 등이 기재되어 있으며, 뒷면에는 체류 허가 신청일, 주소 및 체류 자격 변경 내용, 체류 신청을 허가한 사무소, 체류 기간 날짜 등

〈외국인등록증〉

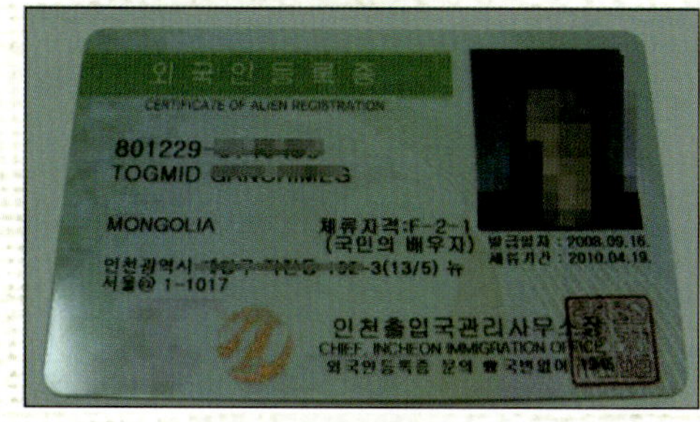

[앞면]

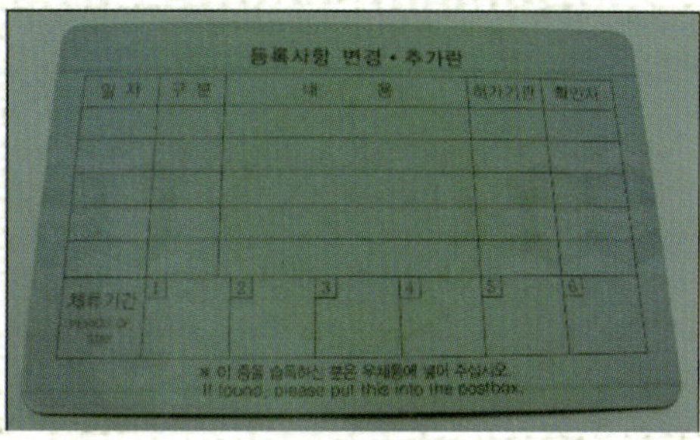

[뒷면]

🔴 법무부는 이민자의 우리나라 사회 적응에 필요한 기본적인 교육을 지원하고, 국민과 이민 자 간 상호 존중 및 이해의 폭을 넓히기 위하여 ☐☐☐☐ 프로그램을 2009년 1 월부터 시범 실시하고 있습니다.

🙂 법무부는 **사회통합** 프로그램 이수제를 2009년 1월부터 국민, 귀화 희망 모든 외국인 가운데 자발적 참여자를 대상으로 시범 실시해요. 2008년 말 공모를 통하여 전국에 20개 단체를 선 정 과정별 이수를 받을 수 있어요. 단계의 배정은 사전평가 점수에 따라 이루어지며, 언어과 정은 해당 이수시간을 면제 또는 이수하거나 사전평가를 수시로 응시하여 자유롭게 단계의 이동이 가능하며, 자율이수를 받으신 분은 국적 취득 시 혜택을 받을 수 있어요.

🔴 결혼이민자는 외국인 등록을 한 후 합법으로 2년 이상 한국 내에 체류하시면 혼인귀화 및 ☐☐ 자격(F—5)을 신청할 수가 있습니다.

🙂 **거주**자격(F—2비자)으로 2년 이상 합법적으로 동거 · 체류하고 있는 국민의 배우자, 한국 인 배우자와 법률상 혼인상태를 유지하고 있는 자, 한국인 배우자 사망 또는 실종 선고를 받은 자, 한국인 배우자와 이혼 별거 중인 자 가운데 귀책사유가 한국인 배우자에게 있는 자, 혼인관계 중단자 중 한국인 배우자 간에 출생한 미성년자를 양육하고 있는 자는 영주 자격 및 혼인귀화를 신청할 수 있어요.

🔵 결혼이민자가 한국인 배우자와 혼인하고 나서 외국인 등록을 하고 배우자와 동거하던 중 결혼이민자의 개인 사정으로 국외에서 지내면 국외에서 지낸 기간은 국내 체류 기간에서 제외합니다. 다만, 혼인 유지 기간이 [ ]년 이상이면서 한국에 [ ]년 이상 계속 거주한 경우는 결혼에 의한 국적 취득 신청(혼인귀화)이 가능합니다.

> 🙂 한국에 거주한 기간 가운데 국외에서 지낸 기간은 귀화 신청 자격 기간이 2년 이상 거주 기간의 요건에서 제외해요. 다만, 혼인의 유지 기간 이 3년 이상이면서 국내 합법 체류 기간이 1년 이상일 경우에는 혼인귀화 신청이 가능합니다.

🔵 영주자격(F-5)을 취득하면 체류 기간연장이 필요 없으며, 출입국 할 경우 재입국 허가 없이 자유로운 왕래가 가능합니다. 또한, 모든 경제활동에 제약 조건이 없고 [ ]년이 지나면 지방자치단체장 선거 및 지방자치의회 의원 선거에 참여할 수가 있습니다.

> 🙂 영주 자격은 모든 경제활동에 있어서 제약 조건이 없고, 매 체류 기간마다 연장하는 번거로움이 없으며 국외 체류 시 출입국이 자유로워 재입국허가를 받을 필요가 없어요. 또한, 3년 경과 시 지방자치 선거에 참여할 수 있어요.

🔵 국민의 [ ][ ][ ](결혼이민자)는 '취업활동을 할 수 있는 체류자격'의 구분에 따라 취업활동에 제한을 받지 않고 한국인에 준하여 취업이 가능합니다.

> 🙂 결혼이민자, 즉 국민의 **배우자**는 취업활동에 제한을 받지 않고 한국인에 준하여 취업활동이 가능해요.

🔵 국적 취득 후 순서는 추완신고(귀화허가서, 표기된 호적관서) → 외국 국적 포기서 제출(원 국적 대사관, 외국 국적 포기 증명서) → 외국 국적 확인서 발급(출입국관리사무소) → 주민등록신고 (체류지 주민센터(읍, 면) → 외국인등록증 반납 순으로 합니다.

> 😊 귀화허가 통지를 받은 즉시 본인의 이름, 생년월일, 성별, 등록기준지 등이 올바른지 확인하고 나서 가족관계 입증 서류를 지참하고 귀화허가 통지서에 표기된 호적관서에 추완신고를 해요(단, 2009년 09월 01일 이후 귀화 신청자는 추완신고를 하지 않아요). 추완신고 후 기본 증명서 3부를 발부받아요. 원 국적 포기 증명서는 귀화 허가 통지서, 여권, 신분증 등을 준비 귀화 허가일로부터 6개월 이내에 받아야 해요. 외국인 등록 관할 출입국관리사무소에 원 국적 대사관에서 발급받은 외국 국적 포기 증명서를 제출하고 외국 국적 포기 확인서를 발급받아요. 이때 출입국관리사무소에 제출할 서류는 귀화허가 통지서, 기본 증명서, 외국 국적 포기 증명서, 외국인등록증을 지참해야 해요. 외국 국적 포기 확인서, 귀화허가 통지서, 기본 증명서를 준비 주거지 주민센터(동사무소), 읍, 면에 주민등록 신고를 해요.

🔵 주민등록증이 발급되면 관할 출입국관리사무소에 외국인등록증을 반납해야 합니다. 이때 준비 서류는 귀화허가 통지서, 주민등록번호가 기재된 기본 증명서, 외국인등록증, 주민등록증입니다. 외국인등록증을 반납하지 않으면 ☐☐☐ 처분을 받게 돼요.

> 😊 외국인 등록을 하고 국내에 체류를 하던 중 외국인이 본국으로 영구 귀국할 경우나 국적 취득에 따른 대한민국 국적을 회복 또는 귀화 시, 외국인 등록증을 관할 출입국관리사무소 및 공항 항만 출입국관리사무소에 반납하지 않으면 **과태료** 처분을 받아요.

🌸 사회통합프로그램 이수제의 세부 사항은 부록을 참조하세요.

꼭, 기억하세요!

• 체류 기간 연장을 하려고 해요.
• 남편이 많이 아파서 병원에 입원해 있어요.
• 체류 기간을 연장하려고 하는 데 필요한 서류 좀 알려주세요.
• 비자 종류가 뭐예요?
• 저는 결혼 비자예요.
• 사회통합 프로그램 이수제가 뭐예요?
• 무료로 한국어를 가르쳐주는 곳 좀 알려주세요.
• 중국에 있는 아들을 초청하고 싶어요. 필요한 서류 좀 적어 주실래요?
• 다음 달에 희망예식장에서 결혼식을 해요. 엄마 아빠를 초청하고 싶어요.
• 귀화 신청을 하고 싶어요.

✿ 법무부 출입국, 외국인 정책본부 출입국관리사무소 위치 및 관할구역 안내

사무소 명	관 할 구 역	위 치
서울본부	서울(16개 구), 광명, 안양, 성남, 하남시	양천구 신정6동
세종로(출)	노원, 도봉, 동대문, 성북, 은평, 종로, 중, 중랑	종로구 경운동
부산	부산, 양산, 김해, 밀양시, 양산시	중구 중앙동
인천	인천, 김포, 부천, 시흥, 안산	중구 항동
수원	군포, 의왕, 수원, 용인시, 평택, 오산, 이천, 안성, 화성, 광주, 양평, 여주	권선구 구운동
제주	제주도	제주시 건입동
대구	대구, 경상북도(포항, 영덕, 울릉, 울진 제외)	동구 검사동
대전	대전 ,영동, 옥천 충청남도(서산, 태안, 장항, 보령 제외)	중구 중촌동
여수	여수, 순천	여수시 화장동
의정부	의정부, 동두천. 구리, 파주. 고양, 남양주, 연천, 가평, 포천, 양주, 강원도 철원	의정부시 의정부2동
광주	광주광역시, 전라남도(목포, 여수, 순천, 광양, 신안, 무안, 진도, 해남, 완도, 염암군 제외)	서구 화정3동
마산	경상남도(김해, 밀양, 양산, 통영, 사천, 거제, 남해군, 하동군 제외)	마산시 월포동
전주	전라북도(군산 제외)	전주시 덕진구
춘천	강원도(동해, 강릉, 삼척, 속초, 태백, 고성, 양양, 정선군, 철원군 제외)	춘천시 효자2동
청주	충청북도(영동군, 옥천군 제외)	청주시 흥덕구

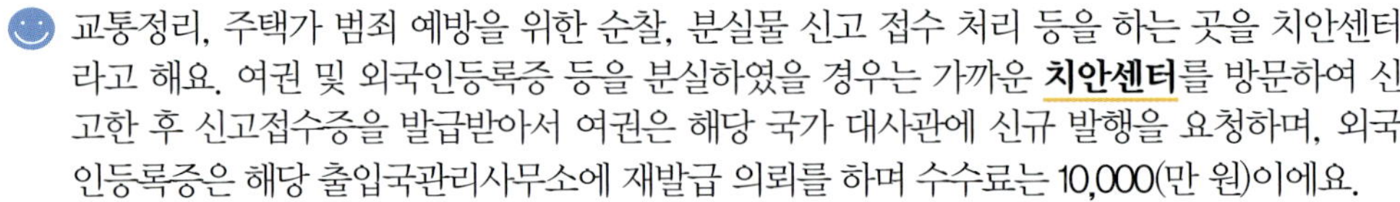

🔵 내가 살고 있는 주변의 범죄 예방을 위한 방범 순찰 및 교통정리, 분실물 신고 및 접수 등의 일을 하는 곳을 ☐☐☐☐ 라고 합니다.

😊 교통정리, 주택가 범죄 예방을 위한 순찰, 분실물 신고 접수 처리 등을 하는 곳을 치안센터라고 해요. 여권 및 외국인등록증 등을 분실하였을 경우는 가까운 **치안센터**를 방문하여 신고한 후 신고접수증을 발급받아서 여권은 해당 국가 대사관에 신규 발행을 요청하며, 외국인등록증은 해당 출입국관리사무소에 재발급 의뢰를 하며 수수료는 10,000(만 원)이에요.

① 경찰서

경찰 업무를 맡아보는 관청의 하나. 대도시의 각 구(區) 및 시, 군에 설치되어 있다. 사기나 폭행, 강도와 같은 범죄피해를 입었을 때와 교통사고가 났을 때, 또는 이를 목격한 때에는 '112'로 신고하거나 직접 경찰서에 가서 신고하면 된다. 공중전화에서는 빨간색 긴급통화버튼을 누른 후에 '112'를 누르고, 일반전화나 휴대폰에서는 국번 없이 '112'로 걸면 된다.

② 소방서

불이 나거나 누군가를 빨리 병원으로 데려가야 할 때, 또는 이러한 상황을 목격한 경우에는 '119'에 신고하면 된다. 공중전화에서는 빨간색 긴급통화버튼을 누른 후에 '119'를 누르면 되고, 일반전화나 휴대폰에서는 국번 없이 '119'로 걸면 된다. 신고 후에는 119구조대가 도착할 때까지 상담원과 연락을 지속하며 갑자기 발생할 수 있는 상황에 대처할 수 있도록 한다.

2. 교통수단 이용하기

🔵 우리나라에서 외국으로 여행 가기 위해 ☐☐☐를 이용하려면 인천, 서울 김포, 부산, 제주 등의 공항을 이용하면 됩니다. 바다를 이용한 여객선은 인천 국제여객터미널이나 부산, 속초, 목포, 군산 등을 이용하면 됩니다.

> 🙂 국외 여행을 하려면 남북이 가로막혀 육로는 불가능하며, 하늘을 이용한 **비행기**, 바다를 이용한 여객선만 가능해요. 비행기를 이용할 때는 인천국제공항, 김포, 부산, 제주공항을 이용하면 돼요. 인천, 김포공항을 가려면 서울 강남에 있는 도심공항 터미널을 이용하거나 전철을 이용하면 편리해요.

🔵 우리나라의 최대 국제 관문인 ☐☐☐☐ 공항은 21세기 수도권 항공운송의 수요를 분담하고 동북아시아의 허브(Hub)공항으로서의 역할을 담당하기 위해, 영종도에 2001년 3월 29일 개항하였습니다.

> 🙂 **인천국제공항**의 최종 공사가 마무리되는 2020년 이후에는 활주로 4개로 증대되며, 여객 터미널 규모 875㎢, 연간 여객 수 1억 명, 화물 700만t, 운항 횟수 53만 회(연)로 증대될 것으로 예상하는 세계 최대 규모의 허브 공항이에요.

● 우리나라의 대중교통수단은 비행기, 배, 철도, 버스, 전철, 택시, 시내버스 등이 있습니다. 철도의 경우 전국을 1일 생활권으로 묶는 고속열차인 ☐☐☐ 열차가 1단계로 서울-대전 2003년 12월, 서울-부산 2004년 4월 개통되어 최고 시속 300km/h로 운행하여 세계에서 5번째 고속철도 보유국이 되었으며, 우리나라가 보유한 기술을 세계에 수출하는 수출국이 되었습니다. 또한, 우리의 기술로 개발되고 있는 KTX2는 최고속도가 350km/h까지 가능합니다.

😊 고속열차인 **KTX 열차**는 우리나라에서 개통된 열차를 말해요. 이것은 한국고속철도 영문인 'Korea Train Express'의 이니셜 표현이에요. 2003년에 KTX가 개통되면서 우리나라는 세계에서 5번째로 고속열차 보유국이 되었으며, 기술을 수출하는 나라가 되었어요

✿ 2009년 2월 금정터널이 관통, 서울-부산 간 2시간 10분대로 단축되었습니다.

● 서울에서 부산까지 가는 데 이용 가능한 교통수단은 자가용 승용차, ☐☐ 버스, KTX(고속열차), 비행기 등이 있습니다.

😊 서울에서 부산을 가는 교통수단으로 자가용 승용차와 고속버스 터미널을 이용한 **고속버스**, 철도인 새마을호, 무궁화, 고속열차인 KTX를 이용해요. 비행기는 김포공항이나 인천국제공항을 이용하면 돼요. 서울에서 부산까지는 약 460km이며, 비행기는 김해공항까지 약 1시간, 고속열차인 KTX는 3시간, 경부고속도로를 이용한 고속버스는 6시간 정도 소요돼요.

● 도시와 도시를 잇는 가장 보편적인 대중교통수단은 고속도로를 운행하는 ☐☐☐☐ 또는 시외버스입니다.

😊 각 도시의 중심부에 위치한 버스 터미널은 도시와 도시를 잇는 대중교통수단의 출발과 도착을 하는 장소이며, **고속버스**(express bus)는 고속도로를 이용하여, 쾌적한 상태를 유지하며 고속으로 주행하기에 알맞도록 특별히 연구·개발된 고급형 버스를 말해요. 고속도로를 달리는 데 적합하도록 안정된 승차감과 안전성은 물론 차체의 경량화, 공기저항의 경감 등까지도 배려하여 설계·제작되었어요.

✿ 고속도로 및 시내구간은 버스전용차로가 운영되고 있는데, 이에 대하여 이야기 나누어 봅시다.

우리나라는 고속도로의 개통과 더불어 여객의 고속수송 체계의 목표 달성을 위하여 생겨났어요. 우리나라에서 고속버스가 운행되고 있는 고속도로의 경우는 1968년 12월에 개통한 서울~인천 간의 경인고속도로(4차선, 길이 29.5㎞)를 비롯하여 서울~부산 간 경부고속도로, 대전~광주 간 호남고속도로, 목포~부산 간 남해고속도로, 인천~강릉 간 영동고속도로, 동해고속도로, 중부고속도로, 88올림픽 고속도로, 구미고속도로, 언양~울산 간 고속도로, 신갈~안산 간 고속도로 등이 있어요. 현재 주행속도가 중부고속도로만은 60km/h~110km/h, 그 밖의 고속도로는 4차선 도로 이상에서는 50km/h~100km/h, 2차선 도로에서는 40km/h~80km/h의 속도로 제한되어 있으며, 경제속도는 60km/h~80km/h로 규정하고 있어요. 미국이나 유럽 선진국의 경우 고속도로의 주행속도를 최고 120km/h까지로 제한하는 경우가 보통이에요.

고속도로 통과 차량은 교통시설의 추가 설비 및 개량을 위해 소요되는 자금 조달, 통행 수요의 억제 목적으로 이용자에게 　　　　를 징수합니다.

고속도로 **통행료**는 교통시설의 자금 조달 또는 통행 수요 억제의 수단으로 특정 교통시설을 공급한 집단이 해당 시설을 사용하는 이용자에게 부과하는 일정 금액을 말해요.

서울, 인천, 부산, 대구, 대전광역시 등 대도시에 일정한 궤도를 만들고서 전기 동력으로 승객을 대량으로 운송하는 수단을 　　 또는 지하철이라고 합니다.

전철(지하철)은 전기철도를 줄인 말로, 지하철이라고도 해요. 대도시의 지상 또는 지하에 일정한 궤도인 철로를 개설한 뒤 전기 동력을 이용해 객차를 여러 대 연결하여 승객을 운송하는 보편화된 대중교통 수단입니다.

[무인발매기 사용법]

　① 교통카드 충전, 1회용 승차권 발급, 무임 승차권 중 원하는 서비스를 선택한다.
　② 행선지 선택버튼(운임)을 누른다. (ex.도원역 선택)
　③ 2매 이상 구매 시 매수를 누른다. (청소년, 성인 요금도 선택한다.)
　④ 돈을 넣는다.
　⑤ 승차권과 거스름돈을 받는다.
　※ 1회용 승차권 구입 시 운임과 별도로 보증금(500원)이 필요하며, 보증금은 하차 후 보증금 환급기에서 돌려받을 수 있다.

🔴 목적지에 도달하기 위하여 전철의 노선을 갈아타는 것을 전철 ☐☐ 이라고 합니다.

> 😊 전철 이용 시 목적지를 가장 **빠르게** 이용하고자 전철의 노선망을 보고 노선끼리 서로 교차하는 교차 역에서 추가 요금을 지급하지 않고 다른 노선으로 갈아타는 것을 전철 **환승**이라고 해요. 서울은 교통카드(신용카드)이용 시내버스와 전철을 동시에 연결 30분 내 이용하면 할인을 받아요.

🔴 도시 내에서 정해진 노선을 이용 버스 정류장에서만 승객이 이용할 수 있는 버스를 ☐☐ 버스라고 합니다. 원하는 목적지별(노선)로 버스 색깔이나 고유번호를 지니고 있으며, 교통카드(T머니 카드)나 신용카드 또는 현금을 지급하면 이용할 수 있는 도심 내에서의 가장 보편화되고 서민적인 교통수단입니다.

> 😊 **시내**버스는 대도시와 주요도시의 지역끼리 서로 연결해서 운행하는 버스이며, 주로 운행노선을 보면 도심과 부도심, 도심과 외곽, 시내와 인접 시군끼리 서로 연결해서 운행하게 되며, 종류는 간선, 지선, 급행, 순환, 마을버스 등으로 구분돼요.

🔴 시내에서 일반버스가 운행하는 노선에서 거리가 먼 지역이나 시내버스 노선 연결이 되지 않은 작은 도로와 외곽 부도심의 작은 마을을 연결하는 서민적이고 가장 저렴한 교통수단을 ☐☐ 버스라고 합니다.

🔴 교통카드를 이용하는 승객에게 목적지를 한 번에 갈 수 있는 노선이 없거나 있는 노선보다 더 빠른 다른 노선이 있을 때 요금을 추가로 더 지급하지 않고 갈아탈 수 있는 것을 시내버스 ☐☐☐☐ 제도라고 합니다.

광역버스

간선버스

지선버스

순환버스

[광역버스]
서울과 수도권도시를 급행으로 연결하는 광역버스

[간선버스]
서울시내 먼거리를 운행하는 간선버스

[지선버스]
간선버스 지하철로 연계 및 지역 내 통행을 위한 지선버스

[순환버스]
다양한 통행수요 대응형 순환버스

😊 일반버스가 운행하는 노선에서 거리가 먼 지역, 오르내리기 어려운 고지대, 일반버스가 다니지 않는 지역 등 이른바 일반버스 노선의 틈새 구역을 운행하는 미니버스를 **마을**버스라고 해요. 자기 주거지에 가장 가까운 곳에 기점(起點)이 있거나 자기 집에서 가까운 곳을 지나가기 때문에 다음에 타고 가야 할 일반버스나 지하철도와 연계하는 교통수단으로 이용되고 있는 가장 저렴하며, 서민적인 교통수단이에요.

🔴 가까운 거리를 빠르고 편리하게 이용할 때 사용할 수 있는 대중교통수단으로는 택시가 있습니다. 택시의 종류에는 가격이 비싸지만, 승차감이 좋고 넓어서 편리한 ☐☐택시와 일반 대중이 이용하는 일반택시, 운반할 짐이 많거나 승객이 많은(최대 9명 탑승) 승객을 위한 대형택시(콜밴)가 있습니다.

🔴 우리나라의 택시 요금은 밤 12시부터 다음날 새벽 4시까지 20% 추가 심야 ☐☐요금을 내야 합니다.

😊 요금이 자동으로 표시되는 미터기를 비치한 영업용 대절 여객자동차를 택시라고 하며, 우리나라에는 택시가 모범택시, 일반택시, 대형택시 등 세 종류가 있어요. 택시를 이용하고자 할 때는 택시 승강장이나 길거리에서 손을 가볍게 들면 택시가 승객 앞에 서며, 탑승 후 목적지를 말하면 원하는 곳까지 탑승할 수 있어요. 택시 요금은 미터기에 표시된 요금을 지급하면 되고, 콜택시를 이용 전화로 예약으로 불렀으면 미터기 요금에 1,000원을 더 지급하면 돼요. 요금 지급 수단은 교통카드, 신용카드 및 현금으로 할 수 있어요.

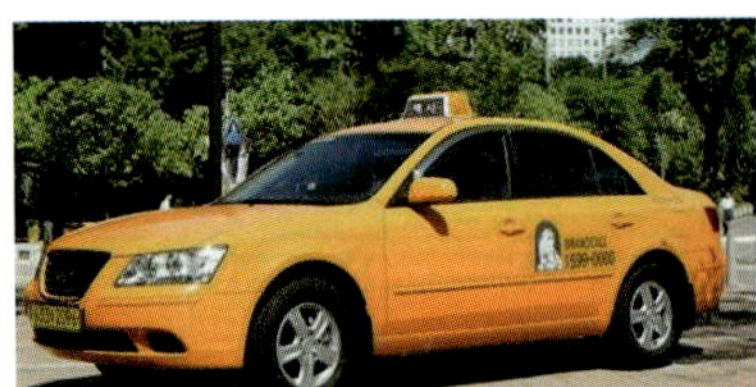

일반택시

우리나라 일반택시를 이용할 때 밤 12시부터 다음 날 새벽 4시까지는 기본요금에 20%의 **할증** 요금을 지급해야 해요. 단지 기본요금이 비싼 모범택시는 심야할증요금이 없어요.   택시의 기본요금제도는 서울과 지방이 각각 차이가 있어요. 서울의 경우 기본요금이 3,000원입니다.

모범택시

배기량 3,000cc 이상의 고급 승용차로 영업하는 택시이다. 대부분 검은색이며 수도권을 중심으로 운행한다. 기본요금이 4,500원(3km)으로 일반택시보다 훨씬 비싸다. 대신 야간탑승이나 장거리 이동 시 〈모범택시〉 요금은 할증되지 않는다.

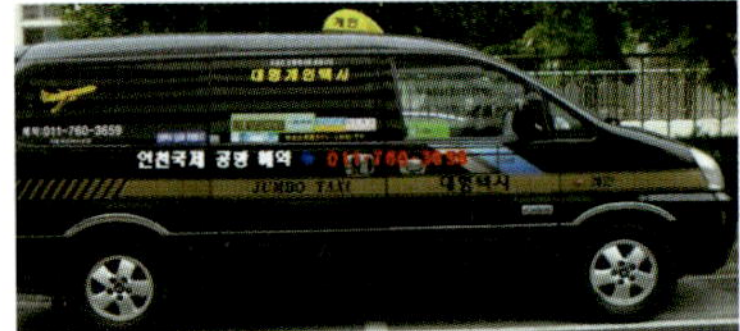

대형택시

최대 9명까지 탈 수 있는 큰 택시로, 짐 이 많거나 일행이 많을 때 이용하면 편리 하다. 모든 차량에 호출 시스템이 설치되어 있어 언제 어디서든 전화를 걸면 이용할 수 있다. 기본요금은 모범택시와 같은 〈대형택시(콜밴 포함〉 4,500원이지만 기사와 승객의 흥정을 통해 요금이 결정되기도 한다.

✿ 서울 및 수도권의 지하철 노선도를 익혀 둡시다.

〈서울 및 수도권, 부산, 대구 지하철 노선도〉

[서울 노선도]   [부산 노선도]   [대구 노선도]

✿ 친구와 함께 지하철 역 이름을 말하고 누가 먼저 찾는지 게임을 통하여 지하철역명을 익힙시다.

- 부산까지 어른 두 명과 어린이 한 명 승차권 주세요.
- 요금은 얼마예요?
- 차멀미를 하는데 좌석을 창가로 주실래요?
- 택시! 용현동 독정이 삼거리까지 가주세요.
- 의정부 덕정전철역까지 가려고 하는데 전철 몇 호선을 타야 하나요?
- 부평전철역에서 지하철 1호선으로 갈아타세요.
- 대구행 KTX 탑승은 어디로 가야 해요?

3. 물건 사고팔기, 금융기관 이용하기

01 물건 사고팔기

우리나라에서 생활용품은 백화점, 대형할인점, 재래시장, 동대문. 남대문시장 같은 대형 ☐☐시장, 24시간 편의점, 슈퍼마켓, TV ☐ 쇼핑, 인터넷 쇼핑몰 등 다양한 곳에서 살 수 있습니다.

우리나라 생활용품의 구매는 신세계, 롯데 등 대형 백화점, 이마트, 홈플러스 등 대형 할인점, 마을마다 오래전부터 형성된 재래시장, 동대문시장, 남대문시장 등 대형 **도매**시장, 24시간 운영되는 편의점, 이용이 편리한 집 근처 동네골목에 있는 소형 슈퍼마켓, 집에서 TV 채널을 통하여 전화로 주문 구매할 수 있는 TV **홈**쇼핑, 인터넷 접속을 통하여 쇼핑몰에서 전화 또는 온라인으로 주문 구매하는 방법 등 다양한 통로를 통하여 구매할 수 있어요.

여러분의 나라에서 이용되는 생활용품의 구매 방법에 대하여 얘기해 봅시다.

우리나라 대표적인 대형 도매시장이며, 24시간 운영(특히 밤 10시 이후 활성화됨)되는 동대문시장을 직접 방문하여 필요한 물건들을 구매하면서 장보기를 익힙시다

재래시장을 이용하여 생활용품을 구매하면 가격이 싸고 여러 가지가 많이 진열되어 있기에 구경거리가 많습니다. 특히 재래시장에서 물건을 살 때 값을 ☐☐ 할 수 있습니다.

이용이 편리한, 집 근처 마을마다 오래전부터 형성된 재래시장을 이용하여 물건을 구매할 때는 주인과 가격을 깎아달라고 **흥정**을 할 수가 있어요.

🔵 대형도매시장은 남대문, ⬜⬜⬜ 도매시장, 농수산물을 주로 도매하는 가락 농수산물시장, 한약재 등의 도매를 하는 경동시장 등이 있습니다.

> 😊 세계적으로 유명하며 24시간 운영되는 의류 및 잡화 전문 도매시장인 남대문, **동대문**시장과 농수산물을 전문적으로 도소매하는 가락시장과 서울 청량리 근처의 우리나라 최대 한약재 도매시장인 경동시장 등이 있어요.

🔵 24시간 운영하여 언제든지 필요한 생필품을 구매할 수 있는 24시 ⬜⬜⬜ 은 타 상점에 비하여 약간 비싸지만, 급히 필요한 물건을 24시간 이용 가능하여 편리합니다.

> 😊 아파트 또는 주택 밀집 주거지, 사무실 지역 등에 위치하여 음료, 과자, 문방구, 휴지 등 생활필수품을 24시간 연중무휴로 판매하는 24시 **편의점**은 현대인에 특히 있어서 편리해요.

🔵 상점에서 구매한 상품이 언제까지 먹거나 사용할 수 있는지를 알려주는 표시를 제품의 ⬜⬜⬜⬜ 이라고 합니다.

> 😊 구매한 물건이 언제까지 안전하게 사용 또는 먹을 수 있는지를 표시한 기간을 제품의 **유통기한**이라고 해요.

🔵 구매한 상품이 이상이 있을 때는 물건을 구매한 곳이나 물건을 만든 회사에 교환, 반품(환불)을 요구할 수 있습니다. 구매한 사람이 원하는 것을 들어주지 않을 때는 한국 ⬜⬜⬜ 보호원에 도움을 요청할 수 있습니다.

> 😊 소비자가 구매한 물건에 이상이 있을 때(유통기한 경과 또는 소비자 과실이 없이 사용 불가능하거나 문제가 발생했을 경우) 교환 또는 환불(반품)을 구매한 곳이나 제조회사에 요구할 수 있으며, 소비자의 요구를 거부할 경우 한국**소비자**보호원(전화 02-3460-3000)에 도움을 요청할 수 있어요.

🔴 우리나라는 지방은 일정한 간격, 정해진 장소에 5일마다 장이 열려요. 예로 2–7일, 5–10일 등 시골 ☐ 이 있으며, 그곳에서 물건을 사고팔고 교환을 합니다.

> 🙂 한 장소에 모여서 서로 필요한 물건을 교환하거나 사고파는 시골 **장**이 섭니다. 성남의 모란장 등이 그 좋은 예이지요.

02 금융기관 이용하기

🔴 현금을 맡기거나 맡겨둔 예금을 언제든지 찾아 사용할 수 있으며, 신용카드나 현금카드 등을 발급받아 사용하기도 하며, 수도, 전기, 가스 등 각종 공과금을 납부하는 곳을 ☐☐ 이라고 합니다.

> 🙂 개인 또는 기업으로부터 예금을 받아 그 돈을 자금으로 하여 대출, 어음 거래, 증권의 인수 따위를 업무로 하는 금융 기관을 **은행**이라고 하며. 크게 중앙은행, 일반 은행, 특수 은행으로 구분해요.

🔴 우리나라는 1993년 8월 12일 금융실명제를 전격 실시함으로써 은행에서 새로 거래를 시작하고자 할 때는 본인의 ☐☐☐ 을 제출해야 합니다.

> 🙂 원하는 은행의 새로운 거래를 위하여 신규 거래개설을 할 경우에는 금융실명제의 실시로 꼭 개인의 신분증(한국인은 주민등록증이나 운전면허증 또는 공무원 **신분증** 등 본인임을 증명할 수 있는 사진이 부착된 신분증이 필요하며, 이주민은 장기 체류 등록외국인은 외국인등록증, 단기체류자는 여권 및 통장개설의 합당한 사유서)을 제출해야 해요.

✿ 여러분의 나라에서 은행거래를 시작할 때 필요한 것에 대하여 한국과 비교하여 봅시다.

🔴 개인이나 기업이 개설한 통장의 예금 잔액 한도 내에서 일시불로 물건을 구매(할부구매는 불가함)할 수 있는 카드를 ☐☐ 카드라고 합니다.

😊 은행에서 본인임을 증명할 수 있는 신분증을 제시하면서 신청할 수 있는 **체크**카드는 현금을 지니고 다녀야 하는 불편함을 없앴으며, 나만 알 수 있는 4자리 숫자의 비밀번호를 만들어 사용해요. 단지 체크카드는 현금카드 기능이 있으나 약정된 통장과 연계되어서 통장에 예금 잔액이 있어야만 사용할 수 있으며, 할부 구매는 불가해요. 즉 일시불로만 물건을 구매할 수 있어요.

🔵 은행에 새로 통장을 만들려고 할 경우, 본인이 형편상 직접 방문이 불가능할 때는 　　　　　이 가셔도 신규 개설이 가능합니다.

😊 은행의 거래 신규 개설은 본인이 직접 방문하여야 하는 것이 원칙이지만, 본인의 형편상 직접 해당 은행에 방문할 수가 없을 때 대리인이 가셔도 개설할 수 있어요.
대리인은 실명확인을 할 수 있도록 **대리인**과 은행 신규개설자 신분증이 있어야 하며, 대리인이 될 수 있는 자격은 가족이어야 가능해요. 대리인이 방문할 때는 가족임을 증명할 수 있는 서류인 주민등록등본, 가족관계증명서, 재외국민등록부 등이 필요해요.
가족의 범위는 배우자 및 직계존비속만이 가능해요.

※ 형제, 자매, 삼촌 등은 대리인 자격이 될 수 없습니다.

🔵 은행을 방문할 때 신규 거래를 하려 하면 외국인은 외국인등록증 또는 국내거소 신고증과 도장(또는 서명)을 지참해야 하며, 은행 거래는 '신규' 업무에 해당하는 업무창구 번호표를 뽑고 통장개설신청서를 작성하여 지참하신 서류와 함께 담당자에게 제출 해당 업무를 보시면 됩니다. 신규 개설 시 　　　　　 4자리 숫자를 본인만 알고 있도록 하여 입력한 후 사용합니다.

😊 은행을 방문 신규 거래를 할 때 비밀번호 4자리 숫자를 본인만 알고 입력 후 사용하며, **비밀번호**를 만들 때는 남들이 쉽게 알 수 없도록 1234, 8888 등의 일련번호나 본인의 전화번호 등은 피하는 것이 좋으며, 본인이 기억하고 사용이 편리한 4자리 숫자를 잘 조합해서 입력사용하시면 돼요.

🔵 은행의 이용 시간은 오전 9시부터 오후 4시까지이며, 은행 이용 시간 이후 입출금은 ATM 기라고 하는 ☐☐☐☐☐☐ 를 이용하면 편리합니다.

> 😊 은행의 정상적인 이용시간은 오전 9시부터 오후 4시까지이며, 이용시간 이후에는 365일 24시간 이용할 수 있는 **자동입출금기**(ATM기)가 설치된 무인센터를 이용하면 됩니다. 이때 본인이 거래하는 은행이 아닌 타 은행 간의 거래도 가능하며, 일정한 수수료를 지급해야 해요.

🔵 각종 공과금의 납부 방법은 은행창구에 직접 방문하여 납부하거나 은행에 설치된 공과금 자동납부기를 이용하면 편리합니다. 또는 은행에 방문해서 해당 공과금 납부의 ☐☐☐☐ 를 신청하면 매월 약정된 통장에서 정해진 일자에 납부하여야 할 금액만큼 자동으로 인출됩니다.

> 😊 공과금을 납부하는 방법 가운데 가장 편리하고 보편적인 방법은 공과금납부처 방문, 전화 또는 거래 은행에 방문하여 해당 공과금의 납부방법을 약정된 통장에서 자동으로 인출되도록 계약을 맺어서 납부하는 자동이체의 방법이 있어요. **자동이체**를 하려면 은행 거래 통장이 있어야 하며, 해당 공과금 납부처와 전화통화로 자동이체를 원하는 통장의 계좌번호를 알려주는 방법과 해당 은행을 방문하여 별도의 자동이체 의사를 밝히고 계약을 하면 돼요.

🔵 물건을 살 때는 구매대금의 지급 방법이 현금, 수표, 어음 등을 사용할 수 있으며, 신용 사회에 접어든 근래에는 현금 소지, 거스름돈 등의 불편함을 없애려고 개발되고 상용화된 ☐☐☐☐ 나 체크카드를 사용합니다.

> 😊 **신용카드**는 상품이나 서비스의 대금 지급을 은행이 보증하여 일정 기간 뒤에 지급할 수 있도록 하는, 신용 판매 제도에 이용되는 카드를 말해요.

● 국외로 송금을 하고자 할 때는 이주민 가족의 이름으로 된 본국의 ☐☐로 병기된 통장(은행명, 계좌번호,전화번호,주소)과 본인의 신분증을 지참하고 은행을 방문하면 국외 송금을 할 수가 있습니다.

> ☺ 국외 송금 시 필요한 서류는 본인의 신분증(외국인등록증이나 여권),송금 받으실 분의 **영어**로 쓰인 통장, 받는 분 이름, 주소, 연락 가능한 전화번호를 준비하시면 돼요. 송금할 금액이 10,000달러 이상일 경우 은행에서 달러의 출처, 용도 등을 확인할 수도 있어요. 왜냐하면, 10,000달러 이상의 고액을 송금 또는 국외로 반출할 경우 국세청에 자동통보가 되어 세무조사 등을 받을 수도 있기 때문이에요.

● 가정이나 회사에서 인터넷을 이용하여 은행 거래를 할 수 있는 것을 ☐☐☐ 뱅킹이라고 합니다.

> ☺ 은행을 직접 방문하지 않고 가정 또는 회사에서 인터넷에 접속하여 은행의 각종 서비스를 편리하게 이용할 수 있는 것을 **인터넷뱅킹**이라고 해요.

꼭, 기억하세요!
- 은행통장을 새로 만들고 싶어요.
- 몽골 울란바토르시 죠스뱅크에 백만 원을 송금하고 싶어요.
- 신용카드를 만들고 싶은데 어떤 서류가 필요한가요?
- 전화 및 전기료를 자동이체로 납부하고 싶어요.
- 통장을 분실했어요. 통장 재발급 및 통장의 비밀번호를 바꾸고 싶어요.

4. 보험 및 문화시설 이용하기

🔵 우리나라는 공적연금제도가 발달되어 사회보장제도가 많이 시행되고 있습니다. 특히 4대 공적보험인 국민 ☐☐ 보험, 국민 ☐☐ 보험, 산업재해보상보험, 고용보험이 주류를 이루고 있습니다.

> 🙂 **국민건강보험**은 국민의 질병·부상에 대한 예방, 진단, 치료, 재활과 출산·사망 및 건강증진에 대하여 보험서비스를 제공하여 국민건강을 증진시키기 위한 사회보장제도이며, **국민연금보험**은 국가가 보험의 원리를 도입하여 만든 사회보험의 일종으로 가입자, 사용자 및 국가로부터 일정액의 보험료를 받고 이를 재원으로 노령으로 인한 근로소득 상실을 보전하기 위한 노령연금, 주 소득자의 사망에 따른 소득상실을 보전하기 위한 유족연금, 질병 또는 사고로 말미암은 장기근로능력 상실에 따른 소득 상실을 보전하기 위한 장애연금 등을 지급함으로써 국민의 생활 안정과 복지 증진을 도모하는 사회보장제도의 하나예요.

※ 우리나라 국민과 국민의 배우자, 영주자격 이주민, 외국인 거소 신고를 마친 자는 국민건강보험에 가입할 수 있으며, 해당 건강보험료를 납부하면 의료 혜택을 받을 수 있습니다.

🔵 우리나라 국민과 혼인한 외국 국적 소유 배우자는 국민건강보험에 가입할 수 있습니다. 이때 국민이 이미 가입한 지역 또는 ☐☐ 건강보험에 피보험자 자격으로 가입이 가능합니다.

> 🙂 우리나라 국민과 혼인한 외국 국적 배우자 및 유학생, 법무부 출입국관리사무소에 외국인 등록이 되어 있는 장기 체류자근로자 등은 국민건강보험료를 납부하시면 지역 또는 **직장**건강보험에 가입하여 국내에서 내국인과 동일하게 의료혜택을 받을 수 있어요. 국민과 혼인한 외국 국적 다문화 가족 또한 국민건강보험에 가입할 수 있으며, 이때 준비해야 할 서류는 피부양자 자격 신고서, 한국인 건강보험증, 한국인 주민등록증, 혼인 또는 가족관증명서, 외국인등록증이 필요해요.

🔵 국가에서 실시하는 공적보험과 대별되는 개념으로 　　　　보험이 있으며, 공적보험이 기초적인 보장을 하는 데 비하여 이를 보완하기 위한 제도로 이주민 가운데 외국인등록을 마친 장기 체류자(결혼이민자, 이주근로자, 유학생 등)도 가입할 수 있습니다.

> 🙂 공적보험과 민영보험의 관계는 상호보완적인 성격을 지니고 있으며, 공적보험은 사회적으로 필요한 국민 최저생활을 보장하고, 이 최저선 이상은 개인이 스스로의 노력으로 **민영**보험을 통해서 갖가지 위험의 발생으로부터 오는 경제 타격의 정도를 완화시키도록 해요. 이는 생명보험, 손해보험 등 다양하게 있고 설계사를 통하여 설명과 함께 가입이 가능해요.

02 　문화시설 이용하기

(1) 보건소, 병원, 약국 이용하기

🔵 국가에서 운영하는 병원으로 예방적 기초 건강검진과 전염병 등을 관리하는 곳을 　　　　　라고 합니다.

[**보건소**에서 하는 구체적인 일들]
① 전염병 및 질병의 예방 · 관리　　② 보건 통계 및 보건의료 정보의 관리
③ 지역보건의 기획 · 평가　　　　　④ 보건 교육 및 의업에 대한 지도
⑤ 영양 개선 · 식품 위생 · 공중 위생　⑥ 학교보건에 관한 협조
⑦ 보건에 관한 실험 · 검사
⑧ 구강위생 · 정신보건 · 노인보건 및 장애인의 재활
⑨ 모자보건 · 가족계획
⑩ 보건지소 · 보건진료소의 직원 및 업무에 대한 지도 · 감독
⑪ 기타 의료사업, 국민보건의 향상과 증진에 관한 사항 등

🔵 국민건강보험에 가입한 자가 병원이나 약국을 방문할 때 건강보험을 적용받으려면 건강보험증이나 신분증(주민등록증, 외국인등록증)을 가져가야 합니다. 단, 약국에서 의약품을 처방받으려면 병원의 　　　　　이 있어야 가능합니다.

> 🙂 우리나라는 2000년 7월 1일부터 의약분업의 전면적 실시로 인해 약국에서 의약품에 대한 처방을 받으려면 병원 또는 의원에서 진료에 따른 의사의 **처방전**이 있어야 해요.

🔵 2000년부터 시행하고 있는 [ ][ ][ ][ ]은 각 직능의 전문성을 살리면서 환자에게 가장 효율적이면서 높은 수준의 의료서비스를 제공하기 위해서 의사에게서는 질병에 대한 진료와 치료 방법에 대한 정보를, 약사에게서는 처방받은 의약품의 내용과 복용 방법에 대한 정보를 환자가 얻을 수 있도록 하는 제도입니다.

> 😊 우리나라는 의약품의 오남용을 방지하고 각 직능별 전문성을 살리며 질 좋은 의료서비스를 국민에게 제공하기 위하여 2000년 7월 1일부터 **의약분업**을 시행하고 있어요.

🌸 병원, 의원의 의사 처방전 없이 구매 가능한 의약품에 대하여

드링크류, 소화제, 종합감기약, 종합비타민제, 간장약, 무좀약, 멀미 약, 연고제 등은 처방전 없이 누구든지 약국에서 구입할 수 있습니다.

🔵 일반 보험환자의 경우는 1차나 2차 아무 곳에서나 한 번만 [ ][ ][ ][ ][ ]를 받으면 원하는 상급 의료기관으로 진료가 가능해요. 진료의뢰서는 따로 돈을 받지는 않지만, 진료비는 내야 해요.

> 😊 우리나라의 병원 진료체계는 1, 2, 3차 진료기관으로 구분하여 운영되고 있어요. 1차 진료기관은 동네에 있는 의원이나 메디컬센터, 2차 진료기관은 500병상 미만의 종합병원으로 중앙대학 병원, 인하대학 병원 등이 이에 속하며, 3차 진료기관은 보건복지가족부 장관이 지정하며 500병상 이상의 대학병원으로 서울대학 병원, 연세대 세브란스병원 등이 이에 속합니다.
> 일반 보험환자들은 3차 의료기관인 대학병원에서 진료를 원할 때 1차나 2차 아무런 의원이나 병원 등의 진료의뢰서를 가져가도 상관없지만, 의료급여환자(의료보호환자)의 경우는 3차 의료기관으로 가려면 2차 의료기관 이상의 **진료의뢰서**를 가져가야만 가능합니다. 일반 보험환자의 경우는 1차나 2차 아무 곳에서나 한 번만 진료의뢰서를 받으면 원하는 상급 의료기관으로 진료가 가능해요. 진료의뢰서는 따로 돈을 받지는 않지만, 진료비는 내야 해요.

🌸 병원, 의원의 이용 순서에 대하여 이야기해봅시다.

① 건강보험증(신분증)을 챙긴다.
② 병원 창구(접수창구)에 건강보험증을 제시한다.
③ 순서에 의해 의사에게 증상을 이야기하고 진료를 받는다.
④ 진료 후 처치실에서 주사 등의 치료를 받는다.
⑤ 처치 후 접수창구에서 처방전을 받는다.
⑥ 처방전으로 약국에서 약의 처방을 받는다.

🔴 침, 뜸, 부황 또는 다양한 약용 동. 식물을 달여 만든 한약과 한의술로 치료하는 의원을
☐☐☐ 이라고 합니다.

> 🙂 침이나 뜸, 부황 또는 다양한 약용식물 등을 달여 만든 한약과 한의사 자격을 취득하신 한의사
> 의 한의술로 치료하는 의원을 **한의원**이라고 해요.

(2) 도서관, 영화관 이용하기

🔴 책, 잡지, 영상 매체, 마이크로필름 등의 다양한 정보를 공공기관, 단체나 개인이 수집·정
리하여 지역 주민의 학습, 교양, 평생교육에 도움을 주는 기관을 ☐☐☐ 이라고 합
니다. 도서관에서는 무료로 자료를 열람하거나 대출할 수 있고 다양한 시청각 자료도 이용
할 수 있습니다.

> 🙂 각종 다양한 정보를 공공기관이나 개인이 수집하여 원하는 자에게 이용할 수 있도록 한 시설을
> **도서관**이라고 해요. 교육체계와 정보의 축적, 검색에 매우 중요한 역할을 하는 도서관은 보관
> 하고 있는 매체를 통해 여러 세대에 걸쳐 축적된 지식을 이용할 수 있으며, 교육 · 업무 · 여가
> 선용에도 중요한 역할을 해요. 도서관의 종류에는 국가가 운영하는 국립도서관, 지역사회 주민
> 들이 이용하는 공공도서관, 대학도서관, 초 · 중 · 고등학교의 학교도서관, 개인 · 협회 · 기업 ·
> 정부기관의 요구에 따라 필요한 정보를 수집해서 제공하는 전문 · 특수도서관이 있어요.

🌸 집 근처에 있는 도서관을 방문하여 이용 방법을 알아봅시다.

🔴 영화를 상시로 상영하는 곳을 ☐☐☐ 이라고 합니다. 이러한 영화관은 새로 나온
영화만을 상영하는 개봉관, 자동차 안에서 영화를 관람할 수 있는 자동차 극장, 극장 건물
하나에 여러 개의 영화관을 만들어 동시에 여러 종류의 영화를 상영하여 영화 관람객의 편
리함과 소비 취향에 만족감을 주는 복합(멀티플렉스)영화관 등이 있습니다.

> 🙂 **영화관**은 영화를 상영하는 시설을 갖춘 건물을 말해요. 요즈음은 여러 소비자 계층의 만족
> 도를 높이고 편리성을 위하여 한 개의 대형 건물 안에 여러 개의 영화상영관을 만들어 각종
> 취향에 따른 국내외 영화를 상영하는 CGV, 롯데시네마, 메가박스 등이 동네 가까이에 있
> 어 성황을 이루고 있어요.

🔵 영화를 감상하려면 본인이 감상하고 싶은 영화를 선택한 후 가까운 영화관에서 그것을 상영하는지 여부, 상영 시간, 관람 가능 나이 등을 확인한 후 영화표를 구매하여 관람하시면 됩니다. 우리나라는 모든 영화를 아무나 관람할 수 있는 것이 아니고 영화별로 영상물 등급심사위원회에서 영화의 관람 연령대를 심사하여 12세, 15세, 18세 등으로 구분하여 ☐ ☐ 을 부여하여 관람할 수 있도록 하고 있습니다.

> 😊 영상물 등급심사위원회에서 영화의 관람 연령대를 심사하여 12세, 15세, 18세 등으로 **등급**을 부여합니다.

(3) 이발소·미용실, 목욕탕, 이삿짐센터 이용하기

🔵 남자들이 주로 머리를 깎는 곳을 이발소라고 하며, 여자들이 주로 커트, 파마 등을 하기 위하여 이용하는 곳을 ☐ ☐ ☐ (또는 미용실)이라고 합니다.

> 😊 남자들이 주로 머리를 깎는다든지 염색 등을 하는 곳을 이발소라 하며, 여자들이 커트, 염색, 파마 등의 머리를 가꾸는 곳을 미용실 또는 미장원이라고 해요. 요즘 젊은 남자들도 이발소보다는 미용실(**미장원**)의 출입이 많아졌어요.

🔵 대표적인 서민 문화로, 1990년대까지 공중목욕탕이 전성기를 누렸으나, 아파트 및 개인주택의 화장실 내부에 샤워실의 보급으로 전통적인 목욕탕이 점차 줄어들고 있습니다. 목욕탕 안에는 사우나 시설이 있는 것이 보통이며, 탕의 종류도 온탕, 냉탕, 쑥탕 등 다양하게 있습니다. 요즈음은 공중목욕탕 시설을 대형화, 현대화, 24시간 영업 및 가족이나 친지와 같이 목욕, 사우나와 함께 휴식 공간으로 이용이 가능한 ☐ ☐ ☐ 이 늘어나고 있습니다.

> 😊 목욕, 여러 종류의 사우나시설, 찜질, 이발, 미용, 컴퓨터 인터넷 게임, 간단한 식사, 안마 등을 설치 24시간 저렴한 가격으로 휴식을 취할 수 있는 **찜질방**이 유행하고 있어요.

1. 남에게 물을 튀기지 않는다.
2. 탕에 들어갈 때 몸을 깨끗이 씻고 들어간다.
3. 탕에서 수영을 하지 않는다.
4. 큰소리를 내지 않으며, 이야기할 때는 조용히 한다.
5. 사진을 찍지 않는다.
6. 남의 것을 함부로 쓰지 않는다.
7. 열쇠는 반드시 반납한다.
8. 음료수, 과자 등을 먹고 쓰레기를 함부로 버리지 않는다.
9. 찜질방에 남녀의 애정 표현은 삼간다.
10. 부득이 휴대전화를 사용할 때는 조용히 이야기한다.

※ 이사에 대하여 알아두면 편리해요.

1. 우리나라는 사는 곳을 옮기는 '이사'를 하려면 이삿짐센터(가정, 사무실, 국외 이사를 전문으로 하는 업체)에 위탁하면 모든 이삿짐을 포장부터 운송, 이삿짐 정리정돈 및 청소 마무리까지 깔끔하게 해줍니다.

2. 우리나라의 이사는 대부분 '손 없는 날'을 택하여 합니다.

> 원래 '손'이란 말은 궁핍한 시대의 부담스러운 손님을 고민했던 데서 유래하는데, 이것이 '두렵다'라는 뜻으로 쓰여 멀리했으면 좋겠다는 뜻을 의미하고 있습니다.
> 이 민속신앙은 거의 2,000년 동안 우리의 생활을 지배해왔습니다.
> 손 있는 날이란 손실, 손해를 본다는 날로서 예부터 악귀와 악신이 움직이는 날을 말합니다.
> 그래서 악귀와 악신이 움직이지 않는 날을 손 없는 날이라고 해서 각종 택일의 기준으로 삼았습니다.

고속도로	우리나라 최초의 고속도로 : 경인도로고속도로(서울 ↔ 인천) 가장 긴 고속도로 : 경부고속도로(서울 ↔ 부산)
철도	최초의 철도 : 경인선(서울 ↔ 인천) 가장 긴 철도 : 경부선(서울 ↔ 부산)
항공	인천국제공항 : 인천 영종도에 있는 국제공항 김포공항 : 국제공항이었으나. 현재는 국내선이 운항되며, 현재 하네다. 나고야, 오사카, 훙차오 등 4개 노선 운항 중
지하철	최초의 지하철 : 수도권 전철 1호선. 현재 서울에는 1~9개의 노선이 운행.
기후	※대한민국 기후의 특징 ① 사계절(봄, 여름, 가을, 겨울)의 구분이 뚜렷하다. ② 여름과 겨울의 기온차가 크다. ③ 계절풍이 분다. ※ 기후현상 ① 장마 : 여름철 지속적으로 비가 많이 내리는 것(6월 중순~7월 말) ② 꽃샘바람 : 이른 봄꽃이 필 때 부는 쌀쌀한 바람. ③ 황사현상 : 봄에 중국에서 불어오는 모래먼지
가족관계	(아래 표 참조)

호칭	관계	호칭	관계
큰아버지 (백부)	아버지의 형	고모	아버지의 누나나 여동생
큰어머니 (백모)	아버지형의부인	외삼촌 (외숙)	어머니의 오빠나 남동생
작은아버지 (숙부)	아버지의 결혼한 남동생	외숙모	외삼촌의 부인
작은어머니 (숙모)	작은아버지의 부인	이모	어머니의 언니나 여동생

蓮經·을 ·니를·ᄊᆡ 호·니 오·ᄂᆞᆳ날 如·히 ᄆᆞ·ᄉᆞ·미

·히 기·퍼·니 ·니 菩薩 一切 念 護

·이 ·믈·미 大會·예 시·논 解·ᄒᆞ·샤·미 脈 三昧 제品·은

藥·애·다 昧 利 弗·로 겨·샤 드·려·니ᄅᆞ·샤

제2부 귀화필기 및 면접시험 예상문제

01 최신기출문제

02 귀화시험필기예상문제

03 면접 질문 예상문제

국적필기

일 시	20XX. X. XX.(1차시)
성 명	
생년월일	
책 형	가형

1. ( )에 들어갈 말로 알맞은 것을 고르시오.

> 철수 : 저녁이 되니 갑자기 추워지네.
> 영희 : 그러게, 제법 ( )하지?

① 꿀꿀   ② 똘똘   ③ 뚱뚱
④ 쌀쌀   ⑤ 찜찜

2. 아래 글을 읽고 철수가 가려고 하는 곳을 고르시오.

> 오늘은 철수 어머니의 생신이다. 철수는 어머니를 위해 생일 케이크를 사려고 한다.

① 빵집   ② 은행   ③ 정육점
④ 문구점   ⑤ 경찰서

3. 빈칸에 들어갈 말로 알맞은 것을 고르시오.

> 잔잔한 호수는 마치 _________과 비슷하다. 물가에 다가서면 내 모습이 그대로 비친다.

① 책   ② 거울   ③ 음식
④ 바람   ⑤ 하늘

정답 1. ④   2. ①   3. ②

4. (   )에 들어갈 말로 가장 적절한 것을 고르시오.

> 엄마 : 영호야, 할머니께 물 한 잔 떠다 드리렴.
> 영호 : (   )

① 싫어.　　　　　② 나 목말라.　　　③ 그래. 알았어.
④ 엄마가 직접 해.　　⑤ 금방 가져다 드릴게요.

5. 이순신장군과 관계 있는 것을 고르시오.
① 한글　　　　　　② 목화　　　　　③ 컴퓨터
④ 복사기　　　　　⑤ 거북선

6. (   )에 공통적으로 들어갈 말을 고르시오.

> 영호 : 당신은 어디(   ) 오셨습니까?
> 성룡 : 저는 중국(   ) 왔습니다.

① 은　　　　　　　② 가　　　　　　③ 과
④ 에서　　　　　　⑤ 에게

7. 다음 문장에서 밑줄 친 부분이 맞춤법에 어긋나게 표기된 것을 고르시오.

> 밥은 쌀이나 보리 등에 물을 붓고 끓여서 익힌 음식으로 한국인의 식사에
> 기본이 된다.

① 쌀　　　　　　　② 붓고　　　　　③ 끓여서
④ 익힌　　　　　　⑤ 식사

정답 4. ⑤　5. ⑤　6. ④　7. ③

8. 다음은 어느 지역에 대한 설명입니까?

> • 새로운 어종을 양식하는 기술을 개발한다.
> • 갯벌을 관광자원으로 개발하여 관광객을 유치한다.

① 도시   ② 농촌   ③ 산촌
④ 어촌   ⑤ 수도권

9. 다음 사진들과 관련 있는 직책을 고르시오.

① 판사   ② 검사   ③ 대통령
④ 국회의원   ⑤ 대법원장

10. 적의 침입으로부터 국가의 독립을 유지하고 국토를 지키기 위해 국민이 책임져야 하는 의무는 무엇입니까?

① 국방의 의무   ② 납세의 의무   ③ 근로의 의무
④ 교육의 의무   ⑤ 환경 보전의 의무

11. 다음 우리나라의 섬 중에서 귤(감귤)로 가장 유명한 곳은 어디입니까?

① 독도   ② 거제도   ③ 임자도
④ 강화도   ⑤ 제주도

정답 8. ④ 9. ③ 10. ① 11. ⑤

12. 다음 중 편지나 소포를 배달해주는 곳은 어디입니까?

① 법원 ② 병원 ③ 경찰서
④ 소방서 ⑤ 우체국

13. 겨울이 되기 전 동네사람들이 모여서 한꺼번에 김치를 만들었던 전통은 무엇입니까?

① 김장 ② 배추 ③ 부추
④ 쥐불놀이 ⑤ 강강술래

14. 다음 글이 설명하는 우리나라의 대통령은 누구입니까?

> • 미국 정부와의 협력을 통해 일본으로부터 독립할 것을 주장했다.
> • 우리나라 초대 대통령이다.
> • 4 · 19 혁명을 통해 대통령에서 물러났다.

① 이승만 ② 박정희 ③ 윤보선
④ 전두환 ⑤ 노태우

15. 담배를 피울 수 없도록 한 구역을 무엇이라고 합니까?

① 정숙 구역 ② 금연 구역 ③ 위험 구역
④ 주차금지 구역 ⑤ 출입금지 구역

16. (   )에 들어갈 알맞은 산은 어느 것입니까?

> 강원도 속초에 가면 동해가 내려다보이는 곳에 우뚝 솟은 남한 제일의 명산인 (   )이 있습니다. 그리고 이곳에는 울산바위, 비선대, 비룡폭포 등이 있습니다.

① 백두산 ② 설악산 ③ 태백산
④ 한라산 ⑤ 소백산

정답 12. ⑤   13. ①   14. ①   15. ②   16. ②

17. 우리가 흔히 남대문이라고 부르는 국보 제1호의 원래 이름은 무엇입니까?

① 숙정문　　　　　　② 대한문　　　　　③ 숭례문
④ 돈의문　　　　　　⑤ 흥인지문

18. 다음 중 뜨거운 물에 화상을 입었을 때 취해야 할 응급조치는 무엇입니까?

① 상처부위에 스킨을 바른다.　　　② 상처부위를 찬물로 식힌다.
③ 상처부위를 우유에 씻는다.　　　④ 물집을 터트린다.
⑤ 상처 부위를 소주에 담근다.

19. 지하철 내에서 다음 그림이 뜻하는 것은 무엇입니까?

① 지하철 안에서 담배 피우지 않기
② 지하철 안에서 뛰어다니지 않기
③ 지하철 안에서 음식물 먹지 않기
④ 교통약자를 배려해 자리 양보하기
⑤ 옆 사람을 생각해서 다리 모으고 앉기

20. 다음 중 동물원에서의 바른 태도를 고르시오.

① 동물에게 동전을 던져준다.
② 출입금지 구역에 들어간다.
③ 먹이를 함부로 주지 않는다.
④ 철장 안으로 손을 넣어 동물을 만진다.
⑤ 동물들이 있는 유리벽을 마구 두드린다.

> **공개되는 필기시험 본보기 문제는 문제의 수준과 범위를 제시할 뿐, 실제
> 시험에서는 다른 문제가 출제될 수도 있습니다.**

정답 17. ③ 18. ② 19. ④ 20. ③

국적필기

일 시	20XX. X. XX.(2차시)
성 명	
생년월일	
책 형	나형

1. 다음은 무엇에 대한 이야기입니까?

> 한국에서는 명절에 조상의 산소를 찾아가 인사를 드리고 산소를 살핀다.

① 추석 ② 제사 ③ 성묘
④ 백일 ⑤ 장례

2. 다음 표현을 연결해서 만든 문장 중, 가장 자연스러운 것을 고르시오.

> 비가 오다 / 우산을 가져오다

① 비가 오더니 우산을 가져왔다.
② 비가 오려고 우산을 가져왔다.
③ 비가 올 만큼 우산을 가져왔다.
④ 비가 오는 데 반해 우산을 가져왔다.
⑤ 비가 올 것 같아서 우산을 가져왔다.

3. 다음 중 대화가 이루어지는 장소로 가장 적절한 것을 고르시오.

> 가 : 이수진! 일어나서 13번 답 말해볼래?
> 나 : 아, 죄송해요 선생님. 잘 모르겠어요.
> 가 : 그럼 옆에 있는 짝꿍 일어나서 말해보자.

① 식당 ② 병원 ③ 학교 ④ 도서관 ⑤ 백화점

정답 1. ③ 2. ⑤ 3. ③

4. 괄호 안에 들어갈 말로 알맞은 것을 고르시오.

> 저도 우리 어머니(　　　) 요리를 잘했으면 좋겠어요.

① 까지　　　② 마다　　　③ 만큼　　　④ 부터　　　⑤ 한테

5. 빈칸에 들어갈 말로 알맞은 것을 고르시오.

> 가 : 저는 어렸을 때 말이 정말 많은 ___________였어요.
> 나 : 정말요?

① 겁쟁이　　　　　　② 멋쟁이　　　　　③ 개구쟁이
④ 대장장이　　　　　⑤ 수다쟁이

6. 다음 문장에서 밑줄 친 부분이 맞춤법에 <u>어긋나게 표기된 것을</u> 고르시오.

> 사람은 감정을 가지고 <u>있어</u> <u>기쁨</u>, <u>슬픔</u>, <u>미음</u>, <u>분노</u> 등을 느끼고 표현할 줄 안다.

① 있어　　　　　　② 기쁨　　　　　③ 슬픔
④ 미음　　　　　　⑤ 분노

7. 조선을 건국한 사람은 누구입니까?
① 이성계　　　　　② 이방원　　　　③ 김유신
④ 이순신　　　　　⑤ 왕　건

8. 다음 중 이 국가기관은 무엇입니까?

> <u>이 국가기관</u> 에서는 지난 5월 서울 종로구에서 상점을 돌아다니며 물건을 훔친 일당을 체포했다고 발표했다.

① 국세청　　　　　② 경찰청　　　　③ 통계청
④ 산림청　　　　　⑤ 기상청

정답 4. ③　5. ⑤　6. ④　7. ①　8. ②

9. 다음 중 한국의 정치에 대한 설명으로 <u>옳지 않은 것</u>을 <u>고르시오.</u>

① 법에 의해 통치한다.
② 국민의 자유와 평등을 강조한다.
③ 선거를 통해 국민의 대표를 선출한다.
④ 국가의 정책에 국민의 의사를 반영한다.
⑤ 국가의 모든 일은 국민 투표를 통해 결정한다.

10. 고려 시대에 만들어진 〈삼국사기〉는 누구에 의해 편찬되었습니까?

① 왕건　　　　　　② 최영　　　　　　③ 강감찬
④ 김부식　　　　　⑤ 김정호

11. 다음 중 개화기(조선후기)에 우리나라에 들어온 것이 <u>아닌 것은</u> 어느 것입니까?

① 전차　　　　　　② 전화기　　　　　③ 전깃불
④ 지하철　　　　　⑤ 신식학교

12. 한국의 수출품 중에서 전 세계적으로 수출되는 대표적인 상품으로 짝지어진 것은 무엇입니까?

① 김, 미역　　　　② 버섯, 목재　　　③ 생선, 조개
④ 인형, 신발　　　⑤ 자동차, 텔레비전

13. 다음 설명하고 있는 것은 무엇입니까?

> • 무영탑이라고도 한다.
> • 경주 불국사에 다보탑과 함께 있다.

① 석가탑　　　　　② 미륵사지 석탑　　③ 낙산사 7층 석탑
④ 정림사지 5층 석탑　⑤ 월정사 8각 9층 석탑

정답　9. ⑤　10. ④　11. ④　12. ⑤　13. ①

14. 서울올림픽은 몇 년도에 개최되었습니까?

① 1986　　　　　　　② 1987　　　　　　　③ 1988
④ 1989　　　　　　　⑤ 2002

15. 옛날과 오늘날의 생활 도구의 변화를 비교한 것이다. 빈칸 안에 들어갈 알맞은 말은 무엇입니까?

밥 짓 기	
옛 날	( )
오늘날	전기밥솥

① 접시　　　　　　　② 처마　　　　　　　③ 옹기
④ 가마솥　　　　　　⑤ 전기다리미

16. 우리나라에 있는 산이 아닌 것은 무엇입니까?

① 지리산　　　　　　② 태백산　　　　　　③ 북한산
④ 한라산　　　　　　⑤ 후지산

17. 대한민국에서 제야의 종(33번)을 칠 때 사용되고 있는 서울 종로에 있는 종의 이름은 무엇입니까?

① 홍인지문
② 보신각종
③ 흥인지문
④ 당간지주
⑤ 삼층석탑

18. 품질 정보와 뜻이 바르게 연결된 것을 고르시오.

	품질정보	뜻
①	제조회사	물건의 이름을 알 수 있다.
②	유통기한	어느 회사가 만들었는지 알 수 있다.
③	보관방법	물건의 가격이 얼마인지 알 수 있다.
④	제품명	물건을 어떻게 보관하는지 알 수 있다.
⑤	원재료 및 원산지	물건을 만드는 데 사용한 재료와 그 재료를 생산한 나라나 지역을 알 수 있다.

19. 다음 중 자동차 때문에 필요한 것이 <u>아닌 것을</u> 고르시오.

① 도로　　　　　　② 신호등　　　　　③ 교통 표지
④ 구명조끼　　　　⑤ 교통 경찰관

20. 다음의 (　) 안에 들어갈 말로 알맞은 것을 고르시오.

> 교통사고로 부상을 입었을 때는 즉시 병원에 가서 자기 이름으로 (　　)
> 을/를 발급받아야 한다.

① 진단서　　　　　② 차용증　　　　　③ 이력서
④ 주민등록　　　　⑤ 보험증서

> **공개되는 필기시험 본보기 문제는 문제의 수준과 범위를 제시할 뿐, 실제 시험에서는 다른 문제가 출제될 수도 있습니다.**

정답　18. ⑤　　19. ④　　20. ①

1. 우리나라 대통령의 임기는 몇 년입니까?

① 2년 ② 3년 ③ 4년
④ 5년 ⑤ 6년

해설 대통령의 임기는 5년이며, 연임할 수 없다.

2. 행정기관이 법에 어긋나는 행위를 하여 개인이 손해를 입었을 경우, 국가를 상대로 보상을 청구하는 재판은 무엇입니까?

① 형사재판 ② 민사재판 ③ 군사재판
④ 행정재판 ⑤ 헌법재판

해설
- 형사재판 : 다른 사람의 생명과 재산에 피해를 끼치는 강도·살인·절도·폭행과 같은 범죄로부터 선량한 국민을 보호하고 사회질서를 바로잡기 위한 재판
- 민사재판 : 개인끼리 사사로운 문제로 다툼이 생겼을 때 법에 의해 다툼을 해결해 주는 재판.
- 헌법재판 : 헌법의 의미 해석을 둘러싼 다툼을 해결하여 국가기관으로 하여금 헌법을 잘 지키도록 하고, 국민의 자유와 권리를 보장하도록 하는 것을 목적으로 하는 재판

3. 국어사전 순서로 가장 먼저 오는 것은 무엇입니까?

① 나비 ② 조기 ③ 김치
④ 학교 ⑤ 감기

해설 국어사전 순서는 ㄱ,ㄲ,ㄴ,ㄷ,ㄸ,ㄹ,ㅁ,ㅂ,ㅃ,ㅅ,ㅆ,ㅇ,ㅈ,ㅉ,ㅊ,ㅋ,ㅌ,ㅍ,ㅎ이므로 ㄱ이 가장 먼저이고, ㅏ,ㅑ,ㅓ,ㅕ,ㅗ,ㅛ,ㅜ,ㅠ,ㅡ,ㅣ,ㅐ,ㅒ,ㅔ,ㅖ,ㅘ,ㅙ,ㅚ,ㅝ,ㅞ,ㅟ,ㅢ 순서로 나온다. 따라서 감기, 김치, 나비, 조기, 학교 순서이다.

정답   1.④   2.④   3.⑤

4. 다음 속담과 같은 속담은 무엇입니까?

> 가재는 게 편

① 개똥도 약에 쓰려면 없다
② 도토리 키 재기
③ 바늘도둑이 소도둑 된다
④ 초록은 한 빛
⑤ 천 리 길도 한 걸음부터

해설 가재는 게 편 / 초록은 한 빛 : 모양이나 형편이 서로 비슷하고 인연이 있는 것끼리 서로 잘 어울리고, 사정을 보아주며 감싸주기 쉬움을 이르는 말.
① 개똥도 약에 쓰려면 없다 : 평소에 흔하던 것도 막상 긴하게 쓰려고 구하면 없다는 말
② 도토리 키 재기 : 정도가 고만고만한 사람끼리 서로 다툼을 이르는 말
③ 바늘도둑이 소도둑 된다 : 작은 나쁜 짓도 자꾸 하게 되면 큰 죄를 저지르게 된다는 말
⑤ 천 리 길도 한 걸음부터 : 무슨 일이든 그 일의 시작이 중요하다는 말

5. 빈칸에 들어갈 말로 알맞은 것은 무엇입니까?

> 가 : 저는 어렸을 때 말이 정말 많은 ______였어요.
> 나 : 정말요?

① 겁쟁이 　　　② 멋쟁이 　　　③ 개구쟁이
④ 대장장이 　　⑤ 수다쟁이

해설 ① 겁쟁이 : 겁이 많은 사람
② 멋쟁이 : 멋있거나 멋을 잘 부리는 사람
③ 개구쟁이 : 심하고 짓궂게 장난을 하는 사람
④ 대장장이 : 대장일을 하는 기술직 노동자
⑤ 수다쟁이 : 말이 많고 수다스러운 사람

정답　4. ④　　5. ⑤

6. 다음을 역사 순서대로 배열할 때, 가장 먼저 오는 나라는 어디입니까?

① 조선 　　　　　② 백제 　　　　　③ 통일신라
④ 고조선 　　　　⑤ 고려

해설 고조선 → 백제 → 통일신라 → 고려 → 조선

7. 고려시대 청자에 해당하는 조선 시대 대표적 도자기는 무엇입니까?

① 거북선 　　　　② 백자 　　　　③ 한글
④ 불국사 　　　　⑤ 측우기

해설 ① 거북선 : 임진왜란 직전에 이순신 장군의 고안으로 만들어진 세계 최초의 돌격용 철갑
　　　　전선
② 백자 : 고려 초기부터 청자와 함께 만들어졌으며, 조선 시대 자기의 주류를 이루었다.
③ 한글 : 훈민정음의 현대적 명칭으로, 세종대왕이 창제한 우리나라의 글
④ 불국사 : 경주에 있는 석굴암과 더불어 신라 시대의 유명한 불교유적
⑤ 측우기 : 조선 시대에 강우량 분포를 측정하던 기구로, 세계 최초의 강우량 측정기

8. 우리나라의 위인 중 〈목민심서〉의 저자는 누구입니까?

① 정몽주 　　　　② 정약용 　　　　③ 강감찬
④ 허준 　　　　　⑤ 김정호

해설 목민심서 : 조선 후기의 문신이자 실학자인 다산 정약용이 고금의 여러 책에서 지방
　　　　관의 사적을 가려 뽑아 치민에 대한 도리를 적은 책

9. 다음 중 개화기(조선 후기)에 우리나라에 들어온 것이 아닌 것은 무엇입니까?

① 전차 　　　　　② 전화기 　　　　③ 전깃불
④ 지하철 　　　　⑤ 신식학교

해설 전차(1899년), 전화기(1882년), 전깃불(1883년), 지하철(1974년), 신식 학교(1883년)

정답　6. ④　7. ②　8. ②　9. ④

10. 이순신 장군과 관계있는 것을 고르시오.

① 한글　　　　　　　　② 목화　　　　　　　③ 컴퓨터
④ 복사기　　　　　　　⑤ 거북선

해설 거북선 : 임진왜란 때 이순신이 만들어 왜군을 무찌르는 데 크게 도움을 준 거북이 모양의 철갑선

11. 다음 중 한국의 명절이 아닌 것은 무엇입니까?

① 추석　　　　　　　　② 설　　　　　　　　③ 단오
④ 성탄절　　　　　　　⑤ 정월대보름

해설 성탄절은 크리스마스의 우리말로, 12월 25일에 예수의 성탄를 축하하는 날

12. 겨울이 되기 전 동네 사람들이 모여서 한꺼번에 김치를 만드는 전통은 무엇입니까?

① 김장　　　　　　　　② 배추　　　　　　　③ 부추
④ 쥐불놀이　　　　　　⑤ 강강술래

해설 김장 : 겨울 동안 먹기 위하여 김치를 한 번에 많이 담그는 일

13. 우리나라는 몇 개의 도(道)로 이루어져 있습니까?

① 8개　　　　　　　　② 9개　　　　　　　③ 10개
④ 11개　　　　　　　⑤ 12개

해설 우리나라는 경기도, 강원도, 충청남도, 충청북도, 전라남도, 전라북도, 경상남도, 경상북도, 제주특별자치도 9개로 이루어져 있다.

정답　10. ⑤　11. ④　12. ①　13. ②

14. 다음 행정기관 중 지방에 없는 것은 무엇입니까?

① 구청 ② 군청 ③ 주민센터
④ 법원 ⑤ 헌법재판소

해설 지방 행정기관은 권한이 일부 지방에 한정되어 있으며, 면사무소, 군청, 주민센터, 구청, 시청, 지방법원 등이 있다. 헌법재판소는 서울에 위치하고 있다.

15. 우리나라의 초등학교는 몇 년 동안 다녀야 합니까?

① 4년 ② 6년 ③ 8년
④ 9년 ⑤ 10년

해설 초등학교 과정은 6년, 중학교 과정은 3년, 고등학교 과정은 3년이다.

16. 만 원권 지폐에 있는 인물은 누구입니까?

① 이순신 ② 세종대왕 ③ 이황
④ 이이 ⑤ 신사임당

해설 백 원(이순신), 천 원(이 황), 오천 원(이이), 만 원(세종대왕), 오만 원(신사임당)

17. 다음의 (   ) 안에 들어갈 말로 알맞은 것은 무엇입니까?

> 교통사고로 부상을 입었을 때는 즉시 병원에 가서 자기 이름으로 (   )을/를 발급받아야 한다.

① 차용증 ② 진단서 ③ 이력서
④ 주민등록증 ⑤ 보험증서

해설 진단서 : 의사가 사람의 건강상태나 병의 진단 결과를 증명하기 위하여 작성하는 문서

정답 14. ⑤ 15. ② 16. ② 17. ④

18. 북한과의 협력과 화해를 적극적으로 추진한 김대중 정부의 정책은 무엇입니까?

① 햇볕정책   ② 바람정책   ③ 남북정책
④ 개발정책   ⑤ 강한정책

해설   **햇볕정책** : 남북한 간의 긴장관계를 완화하고 북한을 개혁 · 개방으로 유도하기 위해 김대중 정부가 추진한 대북한 정책

19. 다음 대화가 이루어지는 장소로 가장 적절한 것을 고르시오.

> 가 : 이수진! 일어나서 13번 답 말해볼래?
> 나 : 아, 죄송해요 선생님. 잘 모르겠어요.
> 가 : 그럼 옆에 있는 짝꿍이 일어나서 말해보자.

① 식당   ② 병원   ③ 학교
④ 도서관   ⑤ 백화점

해설   선생님, 짝꿍이라는 말에서 '학교'에서의 대화라는 것을 알 수 있다.

20. 2010년 백령도 근처 해상에서 대한민국 해군의 군함이 침몰당한 사건은 무엇입니까?

① 연평도 포격 사건
② 서해교전
③ 백령도 해전
④ 천안함 사건
⑤ 인천상륙작전

해설   **천안함 사건** : 2010년 백령도 해상에서 발생한 천안함 사건으로 인해 남북 간의 긴장이 고조되었다

정답   18. ①   19. ③   20. ④

1. 우리나라 대통령이 있는 곳은 어디입니까?

① 백악관 　　　　　② 청와대 　　　　　③ 국회의사당
④ 의정부 　　　　　⑤ 독립문

> **해설** 청와대 : 서울 종로구에 있는 대한민국 대통력의 집무 공간인 관저이다.

2. 다음 글이 설명하는 이 국가기관은 어디입니까?

> 이 국가기관에서는 지난 5월 서울 종로구에서 상점을 돌아다니며 물건을 훔친 일당을 체포했다고 발표했다.

① 국세청 　　　　　② 경찰청 　　　　　③ 통계청
④ 산림청 　　　　　⑤ 기상청

> **해설** ① 국세청 : 내국세의 부과 · 감면 · 징수에 관한 사무를 관장하는 기획재정부 산하 기관
> ② 경찰청 : 안전행정부 소속하에 설치되어 경찰 업무를 관장하는 정부 행정 기관
> ③ 통계청 : 통계의 기준설정과 인구조사, 각종 통계에 관한 사무를 관장하는 기획재정부 산하 기관
> ④ 산림청 : 산림에 관한 사무를 관장하는 농림축산식품부 산하의 중앙행정기관
> ⑤ 기상청 : 한국의 가상업무를 관장하는 정부기관

3. 다음 단어 중 철자법이 틀린 것은 무엇입니까?

① 철수는 빵을 먹었다. 　　　　　② 철이는 게임을 조아한다.
③ 엄마가 그릇을 깨뜨렸다. 　　　　④ 나는 학교에 갔다.
⑤ 선생님께서 학생들에게 말씀하셨다.

> **해설** 좋아하다 : 어떤 일이나 사물 따위에 대하여 좋은 느낌을 가지다.

정답 　1. ②　　2. ②　　3. ②

4. 다음 ( ) 안에 알맞은 접속사는 무엇입니까?

> 나는 귀화시험을 위해 열심히 공부했다. ( ) 드디어 시험에 합격했다.

① 그러나   ② 그래서   ③ 그럼에도 불구하고
④ 또   ⑤ 하지만

해설 ① 그러나 : 앞의 내용과 뒤의 내용이 상반될 때 쓰는 접속사
② 그래서 : 앞의 내용이 뒤의 내용의 원인이나 근거, 조건 따위가 될 때 쓰는 접속사
③ 그럼에도 불구하고 : '비록 사실은 그러하지만 그것과는 상관없이'라는 뜻의 접속사
④ 또 : '어떤 일이 거듭하여'라는 뜻의 접속사
⑤ 하지만 : 서로 일치하지 아니하거나 상반되는 사실을 나타내는 두 문장을 이어
줄 때 쓰는 접속사

5. 고려 시대 왜적의 침입을 막고 평화를 기원하며 만들었던 경판은 무엇입니까?

① 만파식적   ② 고려청자   ③ 팔만대장경
④ 대동여지도   ⑤ 거북선

해설 팔만대장경은 몽골의 침입을 불교의 힘으로 막아보고자 만든 경판

6. 고조선을 건국한 사람은 누구입니까?

① 이성계   ② 주몽   ③ 계백
④ 단군   ⑤ 왕건

7. 고려 시대에 만들어진 〈삼국사기〉는 누구에 의해 편찬되었습니까?

① 왕건   ② 최영   ③ 강감찬
④ 김부식   ⑤ 김정호

해설 삼국사기는 고려 인종 때 김부식이 왕명에 따라 펴낸 역사책으로 신라, 고구려,
백제 세 나라의 역사를 기전체로 적은 책

정답 4. ②   5. ③   6. ④   7. ④

8. 임진왜란에서 가장 큰 활약을 한 사람은 누구입니까?

① 이율곡　　　　　　② 강감찬　　　　　③ 이순신
④ 허준　　　　　　　⑤ 김정호

해설 이순신은 조선 시대의 임진왜란 대 왜군을 물리치는 데 큰 공을 세운 장군

9. 우리나라의 전통(무술)운동으로 손과 발을 이용하고, 올림픽 종목으로 채택된 이 운동은 무엇입니까?

① 유도　　　　　　　② 씨름　　　　　　③ 권투
④ 택견　　　　　　　⑤ 태권도

10. 추석에 먹는 음식 중 가장 대표적인 음식으로 반달 모양의 떡은 무엇입니까?

① 송편　　　　　　　② 꿀떡　　　　　　③ 쑥떡
④ 떡국　　　　　　　⑤ 시루떡

11. 우리나라의 가장 큰 산맥은 무엇입니까?

① 태백산맥　　　　　② 추풍령산맥　　　③ 강남산맥
④ 낭림산맥　　　　　⑤ 소백산맥

해설 태백산맥은 추가령 지구대에서 강원도, 경상남북도의 동부를 남북으로 뻗어 있는 산맥으로 국내에서 가장 큰 산맥

12. 노무현 대통령은 대한민국의 몇 대 대통령입니까?

① 제12대　　　　　　② 제13대　　　　　③ 제14대
④ 제15대　　　　　　⑤ 제16대

해설 이승만(1~3대), 윤보선(4대), 박정희(5~9대), 최규하(10대), 전두환(11~12대), 노태우(13대), 김영삼(14대), 김대중(15대), 노무현(16대), 이명박(17대), 박근혜(18대)

정답　8. ③　　9. ⑤　　10. ①　　11. ①　　12. ⑤

13. ( )에 들어갈 알맞은 산은 어느 것입니까?

> 강원도 인제에 가면 동해가 내려다보이는 곳에 우뚝 솟은 남한 제일의 명산인 ( )
> 이 있습니다. 그리고 이곳에는 울산바위, 비선대, 비룡폭포 등이 있습니다.

① 백두산 ② 설악산 ③ 태백산
④ 한라산 ⑤ 소백산

해설
① 백두산 : 북한과 중국의 경계에 있는 산
③ 태백산 : 강원도 태백시에 있는 산
④ 한라산 : 제주도 제주시에 있는 산
⑤ 소백산 : 경상북도 영주시에 있는 산

14. 서울 올림픽은 몇 년도에 개최되었습니까?

① 1986년 ② 1987년 ③ 1988년
④ 1999년 ⑤ 2002년

15. 아래 글을 읽고 철수가 가려고 하는 곳을 고르시오.

> 오늘은 철수 어머니의 생신이다. 철수는 어머니를 위해 생일 케이크를 사려고
> 한다.

① 빵집 ② 은행 ③ 정육점
④ 문구점 ⑤ 경찰서

16. 담배를 피울 수 없도록 한 구역을 무엇이라고 합니까?

① 정숙 구역 ② 금연 구역 ③ 위험 구역
④ 주차금지 구역 ⑤ 출입금지 구역

해설 담배를 피울 수 없도록 법으로 금지된 곳을 금연구역이라고 한다.

정답 13. ② 14. ③ 15. ① 16. ②

17. 한반도에서의 두 차례 남북 정상회담이 열린 지역은 어디입니까?

① 함흥　　　　　　　② 대구　　　　　　　③ 서울
④ 춘천　　　　　　　⑤ 평양

해설 남북한정상회담 : 남북의 최고 지도자들이 만나 국가의 중요한 일을 의논하는 것을 말함. 2000년 남북정상회담과 2007년 남북정상회담은 모두 평양에서 열렸다.

18. 다음 중 편지나 소포를 배달해주는 곳은 어디입니까?

① 법원　　　　　　　② 병원　　　　　　　③ 경찰서
④ 소방서　　　　　　⑤ 우체국

19. 다음은 옛날과 오늘날의 생활 도구의 변화를 비교한 것이다. 빈칸에 들어갈 알맞은 말은 무엇입니까?

밥 짓기	
옛날	（　　）
오늘날	전기밥솥

① 접시　　　　　　　② 처마　　　　　　　③ 옹기
④ 가마솥　　　　　　⑤ 전기다리미

해설 옛날에는 가마솥에 밥을 지었고, 오늘날에는 전기밥솥에 밥을 짓는다.

20. 한국의 수출품 중에서 전 세계적으로 수출되는 대표적인 상품으로 짝지어진 것은 무엇입니까?

① 김, 미역　　　　　② 버섯, 목재　　　　③ 생선, 조개
④ 인형, 신발　　　　⑤ 자동차, 텔레비전

해설 전 세계적으로 수출되는 대표적인 상품으로 반도체, 자동차, 텔레비전, 휴대전화 등을 들 수 있다.

정답　17. ⑤　　18. ⑤　　19. ④　　20. ⑤

최신 기출 문제 3회

1. 대한민국 국민의 4대 의무가 아닌 것은 무엇입니까?

① 근로   ② 납세   ③ 교육
④ 국방   ⑤ 참여

해설 대한민국 국민의 4대 의무는 근로의 의무, 납세의 의무, 교육의 의무, 국방의 의무이다.

2. 애국가 작곡가는 누구입니까?

① 안중근   ② 홍난파   ③ 안익태
④ 이순신   ⑤ 안창호

해설 애국가의 작곡가는 안익태이다.

3. 우리가 흔히 남대문이라고 부르는 국보 제1호의 이름은 무엇입니까?

① 숙정문   ② 숭례문   ③ 대한문
④ 돈의문   ⑤ 흥인지문

해설 국보 제1호는 숭례문으로 흔히 남대문이라고 부른다.

4. 적의 침입으로부터 국가의 독립을 유지하고 국토를 지키기 위해 국민이 책임져야 하는 위무는 무엇입니까?

① 국방의 의무   ② 납세의 의무   ③ 근로의 의무
④ 교육의 의무   ⑤ 환경 보전의 의무

해설 헌법에 따라 대한민국 국민은 국방에 관한 의무를 가진다.

정답   1. ⑤   2. ③   3. ②   4. ①

5. 다음 글이 설명하는 우리나라의 대통령은 누구입니까?

> • 미국 정부와의 협력을 통해 일본으로부터 독립할 것을 주장했다.
> • 우리나라 초대 대통령이다.
> • 4 · 19 혁명을 통해 대통령에서 물러났다.

① 이승만 ② 박정희 ③ 윤보선
④ 전두환 ⑤ 노태우

해설 대한민국 제 1~3대 이승만 대통령에 대한 설명이다.

6. 다음 중 한국의 정치에 대한 설명으로 옳지 않은 것을 고르시오.

① 법에 의해 통치한다.
② 국민의 자유와 평등을 강조한다.
③ 선거를 통해 국민의 대표를 선출한다.
④ 국가의 정책에 국민의 의사를 반영한다.
⑤ 국가의 모든 일은 국민 투표를 통해 결정한다.

해설 대한민국 헌법에서는 일반적인 법안에 대한 국민발안이나 국민표결은 인정하지 않고 대통령이 회부한 안건과 헌법 개정에 대한 국민투표만을 인정한다.

7. 빈칸에 들어갈 말로 알맞은 것을 고르시오.

> 잔잔한 호수는 마치 ______과 비슷하다. 물가에 다가서면 내 모습이 그대로 비친다.

① 책 ② 음식 ③ 바람
④ 거울 ⑤ 하늘

해설 '내 모습이 그대로 비친다'를 통해 거울임을 알 수 있다.

정답 5. ① 6. ⑤ 7. ④

8. 다음을 말하는 속담은 무엇입니까?

> 가까운 곳이 더 찾기 힘들다.

① 달리는 말에 채찍질
② 등잔 밑이 어둡다
③ 사촌이 땅을 사면 배가 아프다
④ 빈 수레가 더 요란하다
⑤ 마른하늘에 날벼락

해설 ① 달리는 말에 채찍질 : 기세가 한창 좋을 때 더 힘을 가한다는 말
② 등잔 밑이 어둡다 : 가까운 곳이 더 찾기 힘들다
③ 사촌이 땅을 사면 배가 아프다 : 남이 잘되는 것을 기뻐해 주지는 않고 오히려 질투하고 시기하는 것을 비유적으로 이르는 말
④ 빈 수레가 더 요란하다 : 실속 없는 사람이 겉으로 더 떠들어 댐을 이르는 말
⑤ 마른하늘에 날벼락 : 뜻하지 아니한 상황에서 뜻밖에 입는 재난을 이르는 말

9. 고려를 세운 왕은 누구입니까?

① 왕건
② 서동
③ 세종대왕
④ 장보고
⑤ 주몽

해설 고려는 918년 태조 왕건이 후고구려를 무너뜨리고, 신라와 후백제를 통합하여 세운 국가이다.

10. 조선 시대 비의 양을 측정했던 도구는 무엇입니까?

① 자격루
② 측우기
③ 혼천의
④ 해시계
⑤ 앙부일구

해설 측우기는 조선 시대 강우량을 측정하기 위해 쓰인 기구이다.

11. 우리나라의 위인 중 〈단심가〉를 지은 고려 시대의 문인은 누구입니까?

① 정몽주
② 정약용
③ 강감찬
④ 허준
⑤ 김정호

해설 정몽주는 고려 말 문신 겸 학자로, 이방원이 정몽주를 회유하기 위해 〈하여가〉를 부르자, 〈단심가〉로 화답하여 고려를 향한 충성심을 표하였다.

정답 8. ② 9. ① 10. ② 11. ①

12. 다음 중 강원도의 도청 소재지는 어디입니까?

① 원주　　　② 춘천　　　③ 강릉　　　④ 동해　　　⑤ 고창

해설 경기도 : 수원, 강원도 : 춘천, 충청남도 : 홍성, 충청북도 : 청주, 전라남도 : 무안,
전라북도 : 전주, 경상남도 : 창원, 경상북도 : 안동, 제주특별자치도 : 제주

13. 다음 설명하는 명절은 무엇입니까?

> 가족들이 한자리에 모여 새해를 축복하는 것

① 추석　　　　　　② 정월대보름　　　③ 설
④ 동지　　　　　　⑤ 한식

14. 다음 중 우리나라에서 가장 긴 고속도로는 무엇입니까?

① 경인고속도로　　　　② 중앙고속도로　　　③ 호남고속도로
④ 경부고속도로　　　　⑤ 영동고속도로

해설 ① 경인고속도로 : 서울과 인천을 잇는 우리나라 최초의 고속도로
② 중앙고속도로 : 부산과 춘천을 연결하여 전국을 반나절 생활권으로 묶는 고속도로
③ 호남고속도로 : 전남 순천과 충남 천안을 잇는 고속도로
④ 경부고속도로 : 서울과 부산을 연결하는 우리나라에서 가장 긴 고속도로
⑤ 영동고속도로 : 인천과 강원도 강릉을 연결하여 국토를 동서로 횡단하는 고속도로

15. 다음은 어느 지역에 대한 설명입니까?

> • 새로운 어종을 양식하는 기술을 개발한다.
> • 갯벌을 관광자원으로 개발하여 관광객을 유치한다.

① 어촌　　　　　　② 도시　　　　　　③ 산촌
④ 농촌　　　　　　⑤ 수도권

해설 '갯벌'이라는 말에서 '어촌'임을 알 수 있다.

16. 다음 우리나라의 섬 중에서 귤(감귤)로 가장 유명한 곳은 어디입니까?

① 독도　　　　　　② 거제도　　　　　③ 임자도
④ 강화도　　　　　⑤ 제주도

정답　12. ②　　13. ③　　14. ④　　15. ①　　16. ⑤

17. 매년 5월 5일은 무슨 날입니까?

① 어린이날　　　　　　② 어버이날　　　　　　③ 스승의 날
④ 근로자의 날　　　　　⑤ 성년의 날

> **해설**　어버이날 : 5월 8일, 스승의 날 : 5월 15일, 근로자의 날 : 5월 1일, 성년의 날 : 5월
> 셋째 주 월요일

18. 품질 정보와 뜻이 바르게 연결된 것은 무엇입니까?

	품질 정보	뜻
①	제조회사	물건의 이름을 알 수 있다.
②	유통기한	어느 회사가 만들었는지 알 수 있다.
③	보관방법	물건의 가격이 얼마인지 알 수 있다.
④	제품명	물건을 어떻게 보관하는지 알 수 있다.
⑤	원재료 및 원산지	물건을 만드는 데 사용한 재료와 그 재료를 생산한 나라나 지역을 알 수 있다.

> **해설**　제조회사 : 어느 회사가 만들었는지 알 수 있다.
> 유통기한 : 물건이 유통될 수 있는 기한을 알 수 있다.
> 보관방법 : 물건을 어떻게 보관하는지 알 수 있다.
> 제품명　 : 물건의 이름을 알 수 있다.

19. 다음 중 뜨거운 물에 화상을 입었을 때 취해야 할 응급조치는 무엇입니까?

① 상처 부위에 스킨을 바른다.　　　② 상처 부위를 찬물로 식힌다.
③ 상처 부위를 우유로 씻는다.　　　④ 상처 부위의 물집을 터뜨린다.
⑤ 상처 부위를 소주에 담근다.

> **해설**　화상을 입었을 때는 즉시 화상 부위를 흐르는 찬물에 15분 정도 식힌다. 상처 부위
> 의 열기를 식혀 화상이 피부 깊숙이 번지를 것을 막아야 한다.

20. 2002년 서해 북방한계선(NLL)을 침범한 북한 경비정과 우리 해군 사이에 벌어
진 전투는 무엇입니까?

① 6 · 25전쟁　　② 남북전쟁　　　③ 서해교전　　④ 연평도　　⑤ 백령도 해전

> **해설**　서해교전 : 서해 북방한계선 인근에서 남 · 북한 해군 간에 1999년, 2002년, 2009
> 년 총 3차례에 걸쳐 해상 교전이 일어나 남북 사이의 긴장을 고조시켰다.

정답　17. ①　　18. ⑤　　19. ②　　20. ③

귀화시험 필기 예상문제 **1**회

1. 다음은 무엇에 대한 이야기입니까?

> 한국에서는 명절에 조상의 산소를 찾아가 인사를 드리고 산소를 살피며 돌본다.

① 추석 ② 제사 ③ 성묘
④ 백일 ⑤ 장례

2. 다음 표현을 연결해서 만든 문장 중, 가장 자연스러운 것을 고르시오.

> 날씨가 춥다 / 두꺼운 옷을 준비하다

① 날씨가 춥더니 두꺼운 옷을 준비했다.
② 날씨가 추우려고 두꺼운 옷을 준비했다.
③ 날씨가 추울 만큼 두꺼운 옷을 준비했다.
④ 날씨가 추운 데 반해 두꺼운 옷을 준비했다.
⑤ 날씨가 추울 것 같아서 두꺼운 옷을 준비했다.

3. 다음 중 대화가 이루어지는 장소로 가장 적절한 것을 고르시오.

> 가 : 손님! 주민등록증과 도장은 가지고 오셨나요?
> 나 : 주민등록증은 가지고 왔어요. 그런데 도장도 필요한가요?
> 가 : 아니요. 도장이 없으시면, 사인도 가능합니다.

① 식당 ② 시장 ③ 은행
④ 서점 ⑤ 백화점

4. 빈칸에 들어갈 말로 알맞은 것을 고르시오.

가 : 저는 어렸을 때 짓궂은 장난을 심하게 하는 ___________였어요.
나 : 정말요?

① 겁쟁이   ② 멋쟁이   ③ 수다쟁이
④ 대장장이   ⑤ 개구쟁이

5. 괄호 안에 들어갈 말로 알맞은 것을 고르시오.

저도 우리 어머니(   ) 요리를 잘했으면 좋겠어요.

① 까지   ② 마다   ③ 만큼
④ 부터   ⑤ 한테

6. 다음 문장에서 밑줄 친 부분이 맞춤법에 <u>어긋나게 표기된</u> 것을 고르시오.

사람은 감정을 가지고 <u>있어</u> <u>기쁨</u>, <u>슬픔</u>, <u>미음</u>, <u>분노</u> 등을 느끼고 표현할 줄 안다.

① 있어   ② 기쁨   ③ 슬픔
④ 미음   ⑤ 분노

7. 조선을 건국한 사람은 누구입니까?

① 이성계   ② 이방원   ③ 김유신
④ 이순신   ⑤ 왕 건

8. 다음 중 이 국가기관은 무엇입니까?

> 이 국가기관에서는 지난 7월 1년 동안 세금을 납입하지 않은 A회사에 과징금을
> 부과했다고 발표했다.

① 경찰청   ② 국세청   ③ 통계청
④ 산림청   ⑤ 기상청

9. 다음 중 한국의 정치에 대한 설명으로 옳지 않은 것을 고르시오.

① 법에 의해 통치한다.
② 국민의 자유와 평등을 강조한다.
③ 선거를 통해 국민의 대표를 선출한다.
④ 국가의 정책에 국민의 의사를 반영한다.
⑤ 국가의 모든 일은 국민 투표를 통해 결정한다.

10. 고려 시대에 만들어진 〈삼국사기〉는 누구에 의해 편찬되었습니까?

① 왕건   ② 최영   ③ 강감찬
④ 김부식   ⑤ 김정호

11. 한국의 수출품 중에서 전 세계적으로 수출되는 대표적인 상품으로 짝지어진 것
은 무엇입니까?

① 김, 미역   ② 버섯, 목재   ③ 생선, 조개
④ 인형, 신발   ⑤ 자동차, 텔레비전

12. 다음 설명하고 있는 것은 무엇입니까?

> • 무영탑이라고도 한다.
> • 경주 불국사에 다보탑과 함께 있다.

① 석가탑   ② 미륵사지 석탑   ③ 낙산사 7층 석탑
④ 정림사지 5층 석탑   ⑤ 월정사 8각 9층 석탑

13. 다음 중 개화기(조선 후기)에 우리나라에 들어온 것이 아닌 것은 어느 것입니까?

① 전차 ② 전화기 ③ 전깃불
④ 지하철 ⑤ 신식학교

14. 서울올림픽은 몇 년도에 개최되었습니까?

① 1986 ② 1987 ③ 1988 ④ 1989 ⑤ 2002

15. 옛날과 오늘날의 생활 도구의 변화를 비교한 것이다. 빈칸 안에 들어갈 알맞은 말은 무엇입니까?

밥 짓기	
옛날	( )
오늘날	전기밥솥

① 접시 ② 처마 ③ 옹기
④ 가마솥 ⑤ 전기다리미

16. 우리나라에 있는 산이 아닌 것은 무엇입니까?

① 지리산 ② 태백산 ③ 북한산
④ 한라산 ⑤ 후지산

17. 대한민국에서 제야의 종(33번)을 칠 때 사용되고 있는, 서울 종로에 위치한 종의 이름은 무엇입니까?

① 홍인지문 ② 보신각종 ③ 홍인지문
④ 당간지주 ⑤ 삼층석탑

18. 품질 정보와 뜻이 바르게 연결된 것을 고르시오.

	품질정보	뜻
①	제조회사	물건의 이름을 알 수 있다.
②	유통기한	어느 회사가 만들었는지 알 수 있다.
③	보관방법	물건의 가격이 얼마인지 알 수 있다.
④	제품명	물건을 어떻게 보관하는지 알 수 있다.
⑤	원재료 및 원산지	물건을 만드는 데 사용한 재료와 그 재료를 생산한 나라나 지역을 알 수 있다.

19. 다음 중 자동차 때문에 필요한 것이 <u>아닌 것을</u> 고르시오.

① 도로   ② 신호등   ③ 교통 표지
④ 구명조끼   ⑤ 교통 경찰관

20. 다음의 ( ) 안에 들어갈 말로 알맞은 것을 고르시오.

> 교통사고로 부상을 입었을 때는 즉시 병원에 가서 자기 이름으로 ( )을/를 발급받아야 한다.

① 진단서
② 차용증
③ 이력서
④ 주민등록증
⑤ 보험증서

귀화시험 필기 예상문제 2회

1. 태극기는 흰 바탕의 한 가운데 태극을 두고, 사방 대각선상에 검은색의 4괘를 둔다. 이 4괘의 이름을 무엇이라 하는가?

① 건곤감리   ② 동서남북   ③ 상하좌우
④ 춘하추동   ⑤ 충효예의

2. 어버이 날, 어린이 날, 스승의 날 등이 있으며 가정의 달이라고 부르는 달은 몇 월 인가?

① 3월   ② 5월   ③ 7월
④ 9월   ⑤ 10월

3. 다음에서 설명하는 사람은 누구인가?

> • 행정부의 최고 책임자이다.
> • 국가 원수로서 외국에 대해 우리나라를 대표한다.

① 국왕   ② 대통령   ③ 국무총리
④ 국회의원   ⑤ 대법원장

4. 다음 (　) 안에 들어갈 알맞은 말은 무엇인가?

> 우리나라 대통령은 (　) 동안 국가와 국민을 위하여 일하고, 임기가 끝나면 다시 선거에 나올 수 없도록 중임을 금지하고 있다.

① 3년   ② 4년   ③ 5년
④ 6년   ⑤ 7년

5. 다음 중 가장 먼저 건국된 나라는?

① 고구려   ② 고려   ③ 조선
④ 고조선   ⑤ 백제

6. 삼국시대의 삼국이 바르게 나열된 것은?

① 고구려, 신라, 고려
② 고구려, 백제, 신라
③ 백제, 신라, 고려
④ 백제, 고려, 조선
⑤ 신라, 고려, 조선

7. 다음 중 대한민국에 속해 있는 문화재가 아닌 것은?

① 불국사　　　　　② 자유의 여신상　　③ 첨성대
④ 석가탑　　　　　④ 다보탑

8. 다음에서 설명하는 도시는 어디인가?

> 신라의 수도였던 곳으로 불국사, 석굴암 등의 유적이 남아 있다.

① 서울　　　　　② 부산　　　　③ 공주
④ 대구　　　　　⑤ 경주

9. 추석은 음력 8월 15일입니다. 곡식을 많이 수확한 것에 대하여 조상께 고마움을 표시하면서 즐겁게 놀았습니다. 추석에 하는 민속놀이는 다음 중 어느 것입니까?

(가)	달맞이, 지신밟기, 차전놀이, 쥐불놀이, 줄다리기, 놋다리밟기
(나)	연날리기, 제기차기, 팽이치기, 윷놀이, 투호, 널뛰기
(다)	강강술래, 씨름, 농악놀이
(라)	그네뛰기, 씨름, 창포 삶은 물에 머리감기

① (가)　　　② (나)　　　③ (다)　　　④ (라)　　　⑤ 답이 없다

10. 우리 고유의 명절인 '설날'에 주로 먹는 음식이며, 이것을 먹으면 나이를 한 살 더 먹는다고 한다. 이 음식의 이름은 무엇인가?

① 송편　　　　　② 김치　　　　③ 떡국
④ 불고기　　　　⑤ 잡채

11. 다음 중 맞춤법이 틀린 문장을 고르시오.

① 길이 좁다.　　　② 산이 높군요.　　　③ 물이 얕아요.
④ 바다가 기퍼요.　　　⑤ 방이 넓습니다.

12. 다음 빈칸에 들어갈 수 없는 말을 고르시오.

> 가 : 아이가 (　　　) 웃는 모습이 정말 예뻐요.
> 나 : 맞아요. 정말 귀엽네요.

① 헤헤　　　② 빙그레　　　③ 방글방글
④ 방긋방긋　　　⑤ 울퉁불퉁

13. 교통카드를 사용할 경우, 지하철과 버스 요금을 연계하여 자유롭게 갈아탈 수 있도록 하는 제도는 무엇인가?

① 무임승차제도　　　② 환승제도　　　③ 교통제도
④ 승하차제도　　　⑤ 자유요금제도

14. 우리나라에서 가장 먼저 개통된 고속도로는?

① 경인고속도로　　　② 중부고속도로　　　③ 호남고속도로
④ 경부고속도로　　　⑤ 중부내륙고속도로

15. 우리나라 남쪽에 있는 섬으로, 특별자치도이며 국제 관광지로 유명하고 한라산이 있는 섬의 이름은?

① 제주도　　　② 울릉도　　　③ 독도
④ 월미도　　　⑤ 백령도

16. 다음 중 특산물과 생산지가 바르게 연결된 것은?

① 나전칠기 · 안동
② 배 · 울릉도
③ 감귤 · 제주도
④ 화문석 · 안성
⑤ 한우 · 음성

17. 다음은 무슨 음식에 대한 설명인가?

> 여러 가지 나물과 양념을 넣어 만드는 음식으로 세계적으로 널리 알려져 있는 전통음식이다. 전주지방이 유명하다.

① 떡국
② 송편
③ 팥죽
④ 비빔밥
⑤ 삼계탕

18. 다음의 단어들과 관련된 계절은?

> 천고마비, 단풍, 추수

① 봄
② 여름
③ 가을
④ 겨울
⑤ 사시사철

19. 다음 중 긴급전화번호의 연결이 잘못된 것은?

① 범죄 신고 – 114
② 사이버테러 신고 – 118
③ 화재 신고 – 119
④ 밀수 신고 – 125
⑤ 국가안보사범 신고 – 111

20. 다음에서 설명하는 공항은 어디인가?

영종도와 용유도 사이를 매립하여 만든 국제공항으로서 21세기 수도권
항공운송의 수요를 분담하고 동북아시아의 허브(HUB) 공항으로서 역할을
담당하고 있다.

① 김포공항　　　② 인천공항　　　③ 김해공항
④ 제주공항　　　⑤ 부산공항

귀화시험 필기 예상문제 3회

1. 대한민국의 국가를 무엇이라 하는가?

① 아리랑   ② 사모곡   ③ 민요
④ 애국가   ⑤ 사랑가

2. 우리나라 5,000원권 지폐에 있는 인물은 누구인가?

① 퇴계 이황   ② 충무공 이순신   ③ 율곡 이이
④ 세종대왕   ⑤ 신사임당

3. 우리나라를 통치하는 법을 만드는 곳은?

① 국회   ② 정부   ③ 대법원
④ 감사원   ⑤ 헌법재판소

4. 대한민국 국민의 의무 중 다음 내용은 어떤 의무에 해당하는가?

- 나라의 살림을 튼튼히 하기 위해 모든 국민은 법률이 정하는 대로 세금을 내야 한다.
- 국민은 정직하고 성실하게 세금을 납부하여야 한다.

① 국방의 의무   ② 납세의 의무   ③ 근로의 의무
④ 교육의 의무   ⑤ 환경보전의 의무

5. 다음 중 동 주민센터(동사무소에서 동 주민센터로 변경)에서 하는 일은 어느 것인가?

① 주민등록등본 발급　　　② 일기예보　　　③ 돈을 빌려 주는 일
④ 아파트 분양　　　　　　⑤ 조례 제정

6. 단군 신화에서 마늘과 쑥만 먹으며 동굴 속에서 100일을 견디어 결국 인간이 되는 동물은?

① 곰　　　　　　　　　　② 여우　　　　③ 호랑이
④ 용　　　　　　　　　　⑤ 늑대

7. 다음은 고려의 교육기관에 대한 설명이다. 오늘날 다음과 같은 역할을 하는 곳은 어디인가?

> 고려는 개경에 관료와 인재 양성을 위하여 국자감을 세웠다.

① 대학　　　　　　　　　② 법원　　　　③ 시청
④ 소방서　　　　　　　　⑤ 경찰서

8. 세종대왕이 정치, 문화 발전을 위해 기능을 강화한 학문 연구기관은?

① 서당　　　　　　　　　② 향교　　　　③ 집현전
④ 신문고　　　　　　　　⑤ 성균관

9. 다음에서 설명하는 것은 무엇인가?

> 은은하면서도 맑고 푸른빛을 띠며 선이 부드러우면서도 생동감이 느껴지는 고려시대의 대표적인 도자기이다.

① 사기　　　　　　　　　② 옹기　　　　③ 고려청자
④ 백자　　　　　　　　　⑤ 도자기

10. 설날에는 깨끗한 옷이나 한복을 입고 웃어른께 절을 하고 새해 인사를 한다. 이 때 하는 절을 무엇이라 부르는가?

① 차례   ② 세배   ③ 판소리
④ 아리랑   ⑤ 제사

11. 다음은 어느 명절을 설명하는 글인가?

> 하늘이 높고 맑은 가을날 풍성한 과일과 햇곡식을 차려 놓고, 조상님께 감사드리며 다 함께 즐기는 축제의 날

① 설날   ② 정월 대보름   ③ 추석
④ 단오   ⑤ 한식

12. 다음에서 설명하는 음식은 무엇인가?

> 우리나라에서 밤이 가장 긴 절기를 동지라고 하는데, 동짓날에 먹는 우리나라의 전통음식으로 귀신을 쫓는다는 의미가 담겨있다.

① 떡국   ② 송편   ③ 떡볶이
④ 팥죽   ⑤ 비빔밥

13. 다음에서 설명하는 음악의 종류는 무엇인가?

> 순수한 우리 음악이며, 모든 예술의 결집체인 종합예술로서 북장단에 맞추어 이야기의 줄거리를 노래로 진행하는 우리나라 고유의 음악 장르이다.

① 판소리   ② 탈춤   ③ 사물놀이
④ 민요   ⑤ 가요

14. 다음 ( ) 안에 들어갈 알맞은 말을 고르시오.

> 가 : 무엇을 드시겠어요?
> 나 : 커피 한 ( ) 주세요.

① 장
② 잔
③ 마리
④ 조각
⑤ 덩어리

15. 밑줄 친 부분과 의미가 비슷한 말을 고르시오.

> 민수가 요즘 수업이 <u>끝나기가 무섭게</u> 어디론가 가요. 아르바이트를 하는
> 모양이에요.

① 끝나듯이   ② 끝나도록   ③ 끝나자마자
④ 끝날 때까지   ⑤ 끝나는 바람에

16. 계절에 따라 부르는 명칭이 달라 여름에는 봉래산, 가을에는 풍악산, 겨울에는 개
골산으로 불리는 북한에 위치한 산의 이름은?

① 지리산   ② 설악산   ③ 한라산
④ 백두산   ⑤ 금강산

17. 쓰레기를 버리는 양에 따라 쓰레기 처리비용을 다르게 내는 제도로, 지정된 규격
의 봉투를 구입해서 그 봉투에만 쓰레기를 담아 버리고 재활용이 가능한 쓰레기
를 분리 배출해야 한다. 이 제도를 무엇이라 하는가?

① 재활용   ② 분리수거제   ③ 정화조
④ 쓰레기 종량제   ⑤ 환승제

18. 다음 주어진 단어들과 관계가 깊은 계절은 언제인가?

군고구마, 군밤, 동치미, 팥죽, 김장김치

① 봄   ② 여름   ③ 가을
④ 겨울   ⑤ 계절과 관계없다

19. 한국을 뜻하는 'KOREA'는 어떤 나라에서 유래되었는가?
① 고구려   ② 백제   ③ 신라
④ 고려   ⑤ 조선

20. 다음은 누구에 대한 설명인가?

조선시대 장군으로 「난중일기」의 저자이며, 임진왜란 때 거북 모양의 철갑선인
거북선을 이용하여 왜구를 물리쳤다.

① 김유신   ② 이순신   ③ 강감찬
④ 박정희   ⑤ 김구

귀화시험 필기 예상문제 **4**회

1. 우리나라의 국화(나라의 꽃)는 무엇인가?

① 진달래 　　　　　② 무궁화 　　　　　③ 개나리
④ 장미 　　　　　　⑤ 국화

2. 우리나라 500원짜리 동전에 있는 동물의 이름은 무엇인가?

① 학 　　　　　　　② 호랑이 　　　　　③ 까치
④ 까마귀 　　　　　⑤ 백로

3. 대한민국 국민의 4대 의무에 해당하지 않는 것은?

① 근로의 의무 　　　② 납세의 의무 　　　③ 교육의 의무
④ 참여의 의무 　　　⑤ 국방의 의무

4. 민주주의 국가에서는 누구나 자기의 생각을 자유롭게 이야기할 수 있다. 이것은 어디에 속하는 자유인가?

① 언론 · 출판의 자유 　　② 종교의 자유 　　　③ 신체의 자유
④ 거주 · 이전의 자유 　　⑤ 주거의 자유

5. 다음 중 대한민국의 8도에 포함되지 않는 곳은?

① 경기도 　　　　　② 충청북도 　　　　　③ 평안북도
④ 경상남도 　　　　⑤ 강원도

6. 다음은 조선시대 한양을 둘러싼 4대문에 해당하지 않는 것은?

① 독립문   ② 흥인지문   ③ 숭례문
④ 숙정문   ⑤ 돈의문

7. 다음에서 설명하는 나라 이름은 무엇인가?

> • 압록강 중류 지역의 졸본에 주몽이 세운 나라이다.
> • 광개토대왕은 만주로 영토를 크게 넓혔다.
> • 장수왕은 나라의 수도를 평양성으로 옮겼다.

① 가야   ② 조선   ③ 신라
④ 백제   ⑤ 고구려

8. 다음 중 신라시대의 문화재가 아닌 것은?

① 성덕대왕 신종   ② 석굴암   ③ 불국사
④ 무령왕릉   ⑤ 첨성대

9. 다음에서 설명하고 있는 문화재는 무엇인가?

> 경상북도 경주의 토함산 기슭에 있는 절이며, 석굴암과 함께 신라 불교 예술의
> 귀중한 유적으로 삼층석탑, 다보탑, 백운교, 연화교 등이 있다.

① 해인사   ② 통도사   ③ 흥덕사
④ 불국사
⑤ 경복궁

10. 조선시대 발명품으로 비의 양을 측정하는 도구는?

① 자격루   ② 측우기   ③ 혼천의
④ 앙부일구   ⑤ 거중기

11. 다음 중 정월 대보름에 하는 민속놀이가 아닌 것은?

① 쥐불놀이   ② 달집태우기   ③ 더위팔기
④ 그네뛰기   ⑤ 연날리기

12. 다음 명절과 우리가 즐겨 먹던 음식을 관련지어 표시한 것 중 잘못 연결된 것은 어느 것인가?

① 추석 – 부럼
② 설날 – 떡국
③ 동지 – 팥죽
④ 정월 대보름 – 오곡밥
⑤ 모두 옳음

13. 다음 중 세계에 자랑할 만한 우리의 문화라고 할 수 없는 것은 어느 것인가?

① 김치   ② 한복   ③ 탈춤
④ 한자   ⑤ 비빔밥

14. 우리나라 집의 특징으로 알맞은 것은 어느 것인가?

① 겨울에는 주로 마루를 사용한다.
② 온돌은 더위에 대비한 한옥의 구조이다.
③ 굴뚝은 마루와 관계있는 한옥의 구조이다.
④ 남부 지방으로 갈수록 더운 날씨에 대비하였다.
⑤ 모두 옳음

15. 빈칸에 들어갈 가장 알맞은 말을 고르시오.

> 우리 _______________(은)는 모두 네 명입니다. 아버지, 어머니, 남동생 그리고 저입니다.

① 가족   ② 친구   ③ 학생   ④ 부모님   ⑤ 동료

16. 빈칸에 들어갈 가장 알맞은 말을 고르시오.

가 : 지난달에 본 시험 결과는 어떻게 되었어요?
나 : 걱정해 주신 덕분에 시험에 ______ 했어요.

① 취직　　　　　② 합격　　　　　③ 노력
④ 입학　　　　　⑤ 입원

17. 밑줄 친 부분과 의미가 같은 것을 고르시오.

가 : 일 추진 방법이 마음에 썩 들진 않았지만 그냥 진행시켰어요.
나 : 첫 단추를 잘못 끼웠으니 일이 제대로 진행될 리가 없지.

① 준비를 열심히 안 했으니
② 도와주는 사람이 없으니
③ 시작부터 잘못됐으니
④ 실수를 계속하니
⑤ 옷을 잘못 입었으니

18. 다음에서 설명하는 특산물은 무엇인가?

충청남도 금산, 경상북도 풍기 등에서 많이 나오는 유명한 약초로 그 효능을
세계적으로 인정받고 있으며 한약재의 재료로 널리 쓰이고 있다.

① 한우　　　　　② 고추　　　　　③ 마늘
④ 대게　　　　　⑤ 인삼

19. 강원도 설악산은 아름다운 단풍으로 우리나라에서 유명한 산입니다. 단풍 구경을
하고 싶은데 어느 계절에 가야 합니까?

① 봄　　　　　　② 여름　　　　　③ 가을
④ 겨울　　　　　⑤ 사계절

20. 다음 중 우리나라의 기후에 대한 설명으로 옳지 않은 것은 어느 것인가?

① 사계절이 뚜렷한 편이다.
② 여름은 몹시 덥다.
③ 가을에는 황사현상이 나타난다.
④ 겨울에는 북서 계절풍이 분다.
⑤ 봄에는 꽃샘추위가 나타난다.

귀화시험 필기 예상문제 **5**회

1. 다음 중 태극기에서 볼 수 없는 색은?

① 빨간색   ② 파란색   ③ 검은색
④ 노란색   ⑤ 흰색

2. 2009년 새로 발행된 5만 원권의 도안인물은 이 사람이다. 여성 문화예술인으로서
의 대표적 상징성을 보유하고 있는 이 사람은 누구인가?

① 선덕여왕   ② 유관순   ③ 신사임당
④ 황진이   ⑤ 논개

3. 다음 사람들의 공통점을 바르게 말한 것은?

• 김영삼	• 이승만	• 박정희	• 김대중

① 국가의 원수였다.
② 행정부의 최고 책임자를 2번 했다.
③ 법률을 만드는 일을 했다.
④ 법에 따라 판결을 내리는 일을 했다.
⑤ 국가의 예산을 심의하는 일을 했다.

4. 다음 내용과 관계있는 오늘날의 정치 참여 방법은 무엇인가?

> 대통령, 국회의원, 지방자치단체장 등과 같은 국민의 대표자들을 뽑는 것으로,
> 한 사람의 작은 참여도 나라의 중요한 일을 결정하는 정치활동이라고 할 수
> 있습니다.

① 선거   ② 언론   ③ 인터넷
④ 정당활동   ⑤ 시민단체

5. 다음 중 시대 순서가 바르게 연결된 것은?

① 삼국시대 – 통일신라 – 조선 – 고려
② 고조선 – 고려 – 조선 – 통일신라
③ 삼국시대 – 통일신라 – 고려 – 조선
④ 고려 – 고조선 – 조선 – 삼국시대
⑤ 삼국시대 – 조선 – 통일신라 – 고려

6. 다음 중 인물과 업적 연결이 틀린 것은?

① 세종대왕 ––––– 과학기술 발전
② 김유신 ––––– 삼국 통일
③ 이순신 ––––– 한글 창제
④ 김구 ––––– 독립운동
⑤ 장보고 ––––– 청해진 설치

7. 다음은 누구에 대한 설명인가?

> 호는 백범, 대한민국 임시정부의 주석이었으며 독립혁명운동가로, 광복 후
> 우리 한반도에 두 개의 정부가 있을 수 없다고 주장하며 남한만의 단독선거를
> 반대하였다.

① 이승만　　　　　② 김구　　　　　③ 김좌진
④ 홍범도　　　　　⑤ 박정희

8. 다음 중 고려시대의 문화재가 아닌 것은?

① 팔만대장경　　　　② 직지심체요절　　　③ 청자
④ 성덕대왕 신종　　　⑤ 현화사 7층 석탑

9. 다음의 내용과 관계 깊은 명절은 어느 것인가?

> • 수리취떡　• 그네뛰기　　• 씨름　　• 창포물에 머리 감기

① 설날 　　　　　　　② 정월 대보름 　　③ 단오
④ 추석 　　　　　　　⑤ 생일

10. 다음 빈칸에 들어갈 말은 무엇인가?

> (　　　)은(는) 우리나라 남쪽 지방의 민속놀이로, 부녀자들이 둥글게 원을 그려 돌면서 추는 춤이다.

① 농악 　　　　　　　② 줄다리기 　　　　③ 씨름
④ 널뛰기 　　　　　　⑤ 강강술래

11. 다음 중 우리나라의 '장승'과 관련이 없는 것은 어느 것인가?

① 수호신 　　　　　　② 탈춤 　　　　　　③ 천하대장군
④ 지하여장군 　　　　⑤ 마을 입구

12. 다음 글과 관계 깊은 우리의 전통음식은 무엇인가?

> • 저장성뿐만 아니라 맛과 영양을 고루 갖춘 우리나라 고유의 발효식품이다.
> • 최근에는 뛰어난 항암효과가 있다는 것이 밝혀지면서 세계인들을 놀라게 하였다.

① 잡채 　　　　　　　② 김치 　　　　　　③ 비빔밥
④ 불고기 　　　　　　⑤ 라면

13. 다음에서 설명하는 전통음식은 무엇인가?

> 여러 가지 나물과 양념을 넣어 만들며 세계적으로 널리 알려진 우리 전통음식으로, 전라북도 전주 지방이 유명하다.

① 국수 　　　　　　　② 불고기 　　　　　③ 김치
④ 라면 　　　　　　　⑤ 비빔밥

14. 우리나라는 매년 5월 5일을 'OOOO'로 지정해서 기념하고 있다. 빈칸에 들어갈
말은 무엇인가?

① 어린이날　　　　　② 어버이날　　　　　③ 노인의 날
④ 스승의 날　　　　　⑤ 아버지날

15. 다음 글이 설명하는 것은 무엇인가?

> - 꽹과리, 장구, 북, 징의 네 가지 악기로 연주된다.
> - 김덕수는 해외 공연을 통해 이것을 세계에 알리는 데 공헌하였다.

① 판소리　　　　　　② 탈춤　　　　　　　③ 가요
④ 농악　　　　　　　⑤ 사물놀이

16. 옛날에 쓰던 물건 중 집안일을 하는 데 관계없는 것은 어느 것인가?

① 화로　　　　　　　② 짚신　　　　　　　③ 다듬잇돌
④ 빨랫방망이　　　　⑤ 맷돌

17. 웃어른을 대하는 올바른 예절이 아닌 것은?

① 웃어른께 물건을 전할 때에는 두 손으로 공손히 드린다.
② 밥을 먼저 다 먹었으면 웃어른이 식사 중이더라도 일어난다.
③ 지하철에서 웃어른을 보면 자리를 양보한다.
④ 길에서 웃어른을 만나면 고개를 숙여 인사한다.
⑤ 웃어른께는 존댓말을 쓴다.

18. 밑줄 친 부분과 의미가 같은 것을 고르시오.

가 : 뭐 하고 있어?
나 : 낱말 맞추기를 하고 있는데, 너무 어렵다.
　　너 추석에 먹는 대표적인 음식이 뭔지 알아?
가 : 그건 <u>식은 죽 먹기지</u>. 그것도 몰랐어?

① 아주 쉽지.　　　　　　② 소화가 잘 되지.
③ 생각해 보면 알 수 있지.　④ 매우 재미있는 일이지.
⑤ 매일 하는 일이지.

19. 다음 안내문의 내용과 같은 것을 고르시오.

〈 연극, '아버지' 〉

가정의 달 5월을 맞이하여 드리는 특별한 혜택!
혜택1. 주말 공연을 보시는 가족께 도서 증정
혜택2. 주중 공연을 보시는 가족께 티켓 30% 할인
혜택3. 관람 후기를 보내주시면 추첨을 통해 경품 증정
예매 : 연극동네 02)987-2345

① 외국인의 달 5월을 맞이하여 연극을 공연합니다.
② 주말 공연을 보시는 가족께는 도서상품권을 드립니다.
③ 주중 공연을 보시는 가족께는 티켓을 30% 할인해 드립니다.
④ 관람 후기를 보내주신 모든 분께는 경품을 드립니다.
⑤ 예매는 연극동네 홈페이지에서 하실 수 있습니다.

20. 다음 중 계절별로 바뀌는 우리나라 생활 모습이 바르게 짝지어 진 것은 어느 것인가?
① 봄 – 씨앗 뿌리기, 꽃구경
② 여름 – 추수하기, 피서 가기
③ 가을 – 모내기, 김장하기
④ 겨울 – 김장하기, 나물 캐기
⑤ 모두 옳다.

귀화 필기시험 문제 해설

《귀화시험 필기 1회》

1. ③ – **추석** : 우리나라 명절의 하나. 음력 8월 15일이다. 송편을 빚고 햇과일 따위의
음식을 장만하여 차례를 지낸다.
제사 : 죽은 사람의 넋에게 음식을 차려 정성을 표하는 의식
백일 : 아기가 태어난 지 백 번째 되는 날
장례 : 죽은 사람의 장사를 지내는 일

〈제사〉

2. ⑤ – 추측과 그에 대한 행동을 나타내는 두 문장이다. '추울 것 같다.'의 추측 문장
과 그렇기 때문에 '두꺼운 옷을 준비했다.'라는 행동 문장이다.
3. ③ – 손님과 은행직원의 대화이다.
4. ⑤ – **겁쟁이** : 겁이 많은 사람을 일컫는 용어
멋쟁이 : 멋이 있거나, 멋을 잘 부리는 사람
수다쟁이 : 말이 많고 수다스러운 사람
대장장이 : 쇠를 달구어 연장 따위를 만드는 일을 직업으로 하는 사람
5. ③ – **만큼, 처럼** : 비교의 대상과 거의 비슷한 정도임을 나타내는 보조사
6. ④ – 미음(X) –〉 미움
7. ① – **김유신** : 신라의 장군이다.
　　　이순신 : 조선의 명장으로 임진왜란 때 왜적을 물리쳤다. 거북선을 만든 위
인이다.
　　　왕건 : 고려의 첫 왕인 '태조'의 이름이다.

8. ② – **국세청** : 기획 재정부 소속으로, 내국세의 부과, 감면, 징수와 국유 재산의 관리에 관한 사무를 맡아보는 중앙 행정 기관

　　산림청 : 농림 수산 식품부 소속으로, 산림에 관한 사무를 맡아보는 관청

　　통계청 : 재정 경제원 소속으로, 통계의 기준 설정과 인구 조사 및 각종 통계에 관한 사무를 맡아보는 중앙 행정 기관

　　기상청 : 환경부 소속으로 기상, 지상, 수상에 대한 정보를 발표하고 이에 필요한 연구, 개발과 기상에 관한 국제적 협력을 수행하는 중앙 행정 기관

9. ⑤

10. ④ – **삼국사기** : 고려시대 김부식이 지은 책이다. 신라, 고구려, 백제의 정사로 왕실 중심으로 기록되었으며, 《삼국유사》와 함께 우리나라 최고의 사서이다.

11. ⑤

12. ①

13. ④ – 우리나라는 1974년 처음으로 지하철 1호선이 개통되었다.

14. ③

15. ④ – **처마** : 지붕 밖으로 튀어나온 부분

　　옹기 : 진흙으로 구워 만든 질그릇과 오지그릇을 통틀어 일컫는 말

　　전기다리미 : 옛날의 '인두'와 같다. 구겨진 옷을 다릴 때 쓰는 도구

〈처마〉

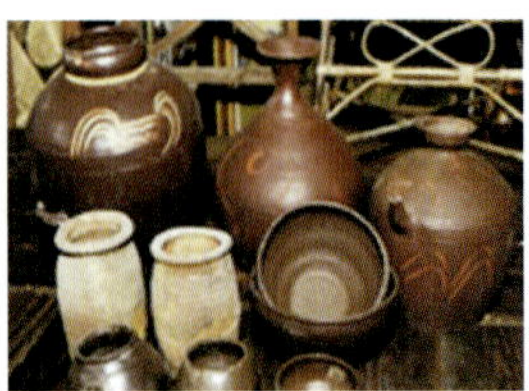

〈옹기〉

16. ⑤ – 후지산은 일본에 있는 산이다.

17. ②

18. ⑤ – **제조회사** : 어느 회사가 만들었는지 알 수 있다.

　　유통기한 : 물건의 기한이 언제까지인지 알 수 있다.

　　보관방법 : 물건을 어떻게 보관하는지 알 수 있다.

　　제품명 : 물건의 이름을 알 수 있다.

19. ④ – **구명조끼** : 사람이 물에 빠졌을 때, 물에 잘 뜰 수 있도록 도와주는 기구이다.

20. ① – **차용증** : 돈이나 물건을 빌려서 쓴 사실을 증명하는 문서

　　이력서 : 취직을 위한 면접의 기회를 얻기 위해 회사 등 조직에 제출하는 개인의 신상정보, 학력, 경력 등을 시간 순으로 요약 혹은 나열한 문서

　　주민등록증 : 주민등록법의 규정에 의하여 대한민국 국민으로 국내에 주소

지를 둔거주민임을 밝히는 증명서

보험증서 : 보험 계약을 할 때 필요한 항목을 적어서 보험 계약자에게 주는 증권

<hr>

≪귀화시험 필기 2회≫

1. ① – **동서남북, 상하좌우** : 방향을 나타내는 말
  춘하추동 : 봄, 여름, 가을, 겨울
  충효예의 : 우리가 지켜야 할 덕목
2. ② – **어린이 날** : 5월 5일
  어버이 날 : 5월 8일
  스승의 날 : 5월 15일
3. ②
4. ③ – 국회의원 임기가 4년이다.
5. ④ –고조선 –〉 고구려, 백제 –〉 고려 –〉 조선
6. ②
7. ② – 자유의 여신상은 미국 뉴욕에 있으며 자유의 나라 미국을 상징한다.
8. ⑤
9. ③ – ㈎와 ㈏는 정초부터 정월 대보름 사이에 하는 놀이이다. ㈐는 단오날에 하는 놀이이다. (단오 :음력 5월 5일)
10. ③ – 송편은 설날에 해먹는 대표적인 떡이다.

〈송편〉

11. ④ – '바다가 깊어요'라고 고쳐야 한다.
12. ⑤ – **울퉁불퉁** : 바닥이나 겉면이 고르지 않고 여기저기 둥글게 툭툭 불거져 있는 모양을 나타내는 말
13. ②
14. ①
15. ①
16. ③ – 나전칠기 : 통영 / 배 : 나주 / 화문석 : 강화 / 한우 : 횡성
17. ④

18. ③ – 천고마비 : 하늘은 높고 말은 살찐다는 뜻으로, 하늘이 맑고 모든 것이 풍성
     함을 이르는 말
     단풍 : 늦가을에 식물의 잎이 적색, 황색, 갈색으로 변하는 현상
     추수 : 가을에 익은 곡식을 거두어들임

〈추수〉

19. ① – 범죄신고는 '112'
20. ②

≪귀화시험 필기 3회≫

1. ④
2. ③ – 퇴계이황 : 1,000원권 지폐
     율곡이이 : 5,000원권 지폐
     세종대왕 : 10,000원권 지폐
     신사임당 : 50,000원권 지폐

3. ①
4. ② – 국민의 4대 의무 : 납세의 의무, 병역의 의무, 교육의 의무, 근로의 의무
5. ①
6. ①
7. ①

〈김홍도, 서당〉

8. ③ – 향교 : 고려와 조선 시대, 지방 교육 기관
     서당 : 예전에, 민가에서 아이들을 모아 놓고 사사로이
     한문을 가르치는 곳을 이르던 말
     신문고 : 조선시대, 백성들이 억울한 일을 임금에게 직접
     호소하고자 할 때 치도록 대궐의 문루에 달아 두었던 북
     성균관 : 고려 말기, 유학을 가르쳤던 최고의 교육 기관

9. ③
10. ②

11. ③ – **설날** : 우리나라 명절의 하나. 음력 정월 초하룻날을 일컫는다.(한복을 입고 세배를 합니다.)

정월 대보름 : 음력 정월 보름을 이르는 말(음력 1월 15일)

단오 : 음력 5월 5일로, 그네뛰기나 씨름, 탈춤, 가면극 등의 놀이를 즐기며, 여자들은 창포물에 머리를 감는 풍습이 있다.

한식 : 동지(冬至)로부터 105일째 되는 날. 조상의 산소를 찾아 제사를 지내고 벌초를 한다.

〈팥죽〉

12. ④ – 팥죽은 동짓날에 먹는 대표적인 음식으로, 예로부터 질병이나 귀신을 쫓는 음식으로 알려져 있다.

13. ① – **탈춤** : 탈을 쓰고 춤추며 말과 노래로 엮는 놀이적 연극. 탈놀이라고도 한다.

민요 : 예로부터 민중들 사이에 불려오던 소박한 노래. 작사자 · 작곡자가 따로 없으며 민중들 사이에서 구전되어 전해오고 있다.

사물놀이 : 네 사람이 각기 꽹과리, 징, 장구, 북을 가지고 어울려 치는 음악

〈탈춤〉　　〈사물놀이〉

14. ② – **장** : 종이를 셀 때 쓰는 단위

마리 : 동물을 헤아릴 때 쓰는 단위

조각 : 어떤 물건이 깨어지거나 잘려서, 그 물건으로부터 떨어져 나온 작은 부분

덩어리 : 뭉쳐진 것. 또는 뭉쳐서 이루어진 사물의 일부. 그것을 세는 단위

15. ③

16. ⑤

17. ④

18. ④

19. ④
20. ②

≪귀화시험 필기 4회≫

1. ②
2. ① – 10원 : 다보탑 / 50원 : 벼 이삭 / 100원 : 충무공 이순신 / 500원 : 학
3. ④
4. ① – **언론 · 출판의 자유** : 구두에 의한 의사표시의 자유 및 인쇄물에 의한 의사표시의 자유
   종교의 자유 : 신앙의 자유와 종교적 행위의 자유
   신체의 자유 : 법률과 적법절차에 의하지 않고는 신체의 안전성과 자율성을 제한 또는 침해당하지 않는 자유
   주거의 자유 : 사생활이 영위되는 지역인 주거에 대한 국가권력의 부당한 침입을 배제하는 권리
5. ③ – 평안북도는 북한의 행정구역이다. / **대한민국의 8도** : 강원도, 경기도, 충청북도, 충청남도, 경상북도, 경상남도, 전라북도, 전라남도, 특별자치도 : 제주특별자치제도
6. ① – **독립문** : 대한제국 말기 자주민권과 민족자강운동을 기념하기 위해 지은 석조문 **조선(지금의 서울)의 4대문** : 흥인지문(동대문), 돈의문(서대문), 숭례문(남대문), 숙정문(북대문)
7. ⑤
8. ④
9. ④

〈자격루〉

10. ② – **자격루** : 조선 제4대 임금인 세종 때 장영실(蔣英實)이 만든 자동시보장치가 된 물시계
    혼천의 : 천체의 운행과 그 위치를 측정하는 고대 관측기구
    앙부일구 : 조선시대에 사용했던 솥[釜] 모양의 해시계
    거중기 : 움직도르래를 사용하여 무거운 물체를 들어올리는 데 이용한 도구
11. ④ – 그네뛰기, 창포물에 머리감기, 활쏘기, 씨름 등은 단오날에 행해지던 민속놀이이다.

12. ① – 추석에는 송편, 햅쌀밥 등을 먹는다.
13. ④ – 한자는 한글이 만들어지기 이전에 중국에서 들여와 사용한 문자이다.
14. ④ – ① 마루는 바람이 통하도록 되어 있어 여름에 주로 이용한다.
　　　　② 온돌은 추위에 대비한 구조이다.
　　　　③ 굴뚝은 불을 땔 때에 연기가 밖으로 빠져나가도록 만든 것으로 온돌과
관계가 있다.
15. ① – 가족을 나타내는 단어 : 아버지, 어머니, 남동생, 누나, 언니, 형, 오빠 등
16. ② – 취직 : 직업을 얻어 직장에 나감(ex. 내가 원하는 곳에 취직해서 너무 기뻐!)
　　　　노력 : 있는 힘을 다해 부지런히 애를 쓰다(ex.시험에 합격하기 위해 많은
노력을 했다.)
　　　　입학 : 공부를 할 목적으로 학교에 들어감(ex. 대학교 입학을 진심으로 축
하해!)
　　　　입원 : 환자가 치료를 받거나 요양하기 위해서 일정 기간 동안 병원에 들어
감(ex.친구가 아파서 병원에 입원했어.)
17. ③ – 첫 단추를 잘못 끼우다 : 옷의 첫 단추를 잘못 끼우면 결국 끝 부분은 단추가
채워지지 않는다. 일의 시작이 중요함을 의미하는 표현이다.
18. ⑤
19. ③ – 단풍 : 늦가을에 식물의 잎이 적색, 황색, 갈색으로 변하는 현상
20. ③ – 황사현상은 주로 봄에 나타난다.

≪귀화시험 필기 5회≫

1. ④ – 태극기의 바탕은 흰색, 반원으로 연결된 원의 윗부분은 빨간색, 그 아랫부분
은 파란색이며, 4괘(건곤감이)는 검은색이다.
2. ③
3. ① – 국가의 원수, 즉 대통령을 나타낸다.
4. ①
5. ③ – 우리나라의 시대 순서 : 고조선 – 삼국시대(고구려, 백제, 신라) – 통일신라
시대 – 고려시대 – 조선시대
6. ③ – 한글 창제는 세종대왕의 업적이다. 이순신 장군은 임진왜란 당시 왜적을 크
게 물리친 바 있고 거북선을 창조하였다.
7. ② – 이승만 : 우리나라 초대 대통령
　　　　김좌진 : 만주 무장독립군의 총사령관으로 청산리전투를 승리로 이끌었으
며, 해외 민족 유일당 운동을 전개했다.
　　　　홍범도 : 의병전쟁 및 항일독립전쟁기의 대표적 장군으로 봉오동(鳳梧洞)·
청산리(靑山里) 전투를 승리로 이끌었으며, 민족주의와 민중의 힘을 바탕으
로 하는 철저한 무장투쟁노선을 통해 국권을 회복하고자 했다.
　　　　박정희 : 제5·6·7·8·9대 대통령
8. ④ – 팔만대장경 : 고려 고종대에 판각되어 현재 해인사에 소장되어 있는 대장경

직지심체요절 : 세계에서 가장 오래된, 금속 활자로 인쇄된 책

청자 : 녹색·올리브색·청색·회색을 포함한 여러 색조의 유약으로 장식된 석기

현화사 7층 석탑 : 현화사는 고려 현종 2년(1011)에 창간되었는데, 어려서 고아로 자란 현종이 장성하여 왕이 된 후, 부모의 명복을 빌기 위해 지은 절이다. 절의 사적을 새긴 현화사비에 의하면 현화사탑은 1020년에 세워졌다고 한다.

9. ③

10. ⑤ – **강강술래** : 정월 대보름, 8월 한가위와 같은 연중행사 때, 달 밝은 밤 부녀자들이 모여 손에 손을 잡고 원을 그리며 춤과 노래를 함께 하는 강강술래는 소리춤의 하나로 원무형태(圓舞形態)의 춤이다.

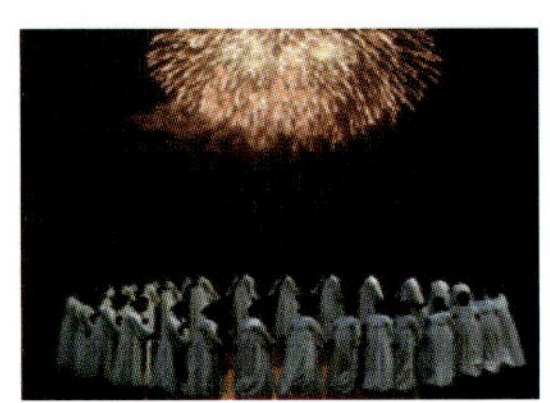

〈강강술래〉

농악 : 세시풍속과 관련되어 노작·축원·군사·걸립놀이 등으로 민중의 생활 깊이 스며들어 공동체를 형성하면서 행하던 민속종합예술

널뛰기 : 정초에 여성들이 즐겨 하는 대표적인 놀이. 두꺼운 판자를 짚단이나 가마니 같은 것으로 괴어놓고 양쪽에 한 사람씩 올라서서 서로 발을 굴러 공중에 높이 솟아오르는 놀이이다.

〈널뛰기〉

씨름 : 한국 고유의 운동경기. 2명이 다리와 허리의 샅바를 맞붙잡고 일정한 규칙 아래 힘과 재주를 이용하여 상대선수의 발바닥 이외의 신체 부분을 바닥에 먼저 닿게 넘어뜨리면 이기는 경기이다.

〈장승〉

11. ② – 장승은 마을의 이정표 역할을 하거나, 수호신 역할을 한다. 대개 남녀로 쌍을 이루며 남자기둥에는 '천하대장군', 여자기둥에는 '지하여장군'이라고 새긴다.

12. ②

13. ⑤

14. ①

15. ⑤

16. ② – **다듬잇돌** : 옷이나 옷감 등을 방망이로 두드려 반듯하게 할 때 밑에 받치는 돌
   빨랫방망이 : 빨래 할 때 빨랫감을 두드리는 데 사용하는 방망이
   맷돌 : 곡식을 가는 기구
   화로 : 방안에 두어 인두(다리미)를 달구는 데 사용함

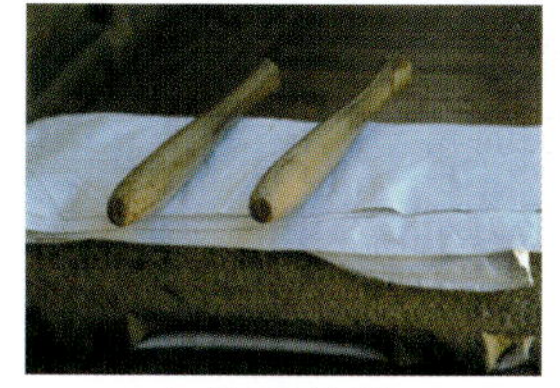

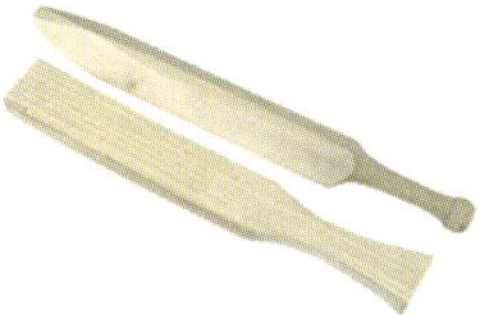

〈다듬잇돌〉　　　〈빨래방망이〉　　　〈맷돌〉　　　〈화로〉

17. ② – 먼저 밥을 다 먹었더라도 웃어른이 식사를 마칠 때까지 기다리는 것이 예의이다.

18. ① – **식은 죽 먹기** : 거리낌 없이 아주 쉽게 예사로 하는 모양, 뜨거운 죽 보다 식은 죽 먹기가 쉽다는 뜻에서 연결된 속담이다.

19. ③ – ① 외국인의 달이 아니라, 가정의 달 5월이 맞다.
   ② 주말 공연(토요일, 일요일)을 보는 가족께는 도서(책)를 증정한다.
   ④ 관람 후기를 보낸 사람 중 추첨에 당첨된 사람만 경품을 받을 수 있다.
   ⑤ 홈페이지는 언급하지 않았다. 전화예매만 가능하다.

20. ① – **봄** : 씨앗 뿌리기, 꽃구경. 나물 캐기, 모내기
   여름 : 피서 가기
   가을 : 추수하기
   가을, 초겨울 : 김장하기

[면접심사 본보기 문제]

1. 애국가

- 애국가 1절부터 4절까지 부를줄 알아야 함(특히 1절은 꼭 부를줄 알아야 함)

2. 한국어 능력

- 한국어 이해 및 말하기 능력

3. 국민으로서의 자세

- 국민의 4대 의무를 이해하고 있는지 여부
  - 대한민국이 다른 나라의 침략을 받는 경우 대한민국 국민으로서 어떻게 행동하여야 하는가?
- 공동체 의식
  - 다른 사람과의 갈등을 겪을 경우에 자기의 생각과 다르면 무조건 반대하는 것이 맞다고 생각하는가?
- 국경일 의미 : 국경일별 날짜와 제정 의의
  - 3·1절을 국경일로 제정한 이유 등

4. 자유민주적 기본질서

- 민주주의의 의미
  - 민주주의 사회에서 국가의 주권이 국민과 정부 중 어디에 있다고 생각합니까?
- 자유민주주의를 부정하고 무너뜨리려는 행동이 허용되는지 여부
- 민주주의 체제에서는 개인의 자유가 허용되는데 이 자유는 책임이 따르지 않는 무제한적인 자유라고 생각합니까?

5. 국민으로서 기본소양

- 대중교통 이용 시 노약자석 의미 이해 여부
- 112 등 긴급전화 이해 여부
- 올바른 시민의 자세 이해 여부
  - 쓰레기를 아무 데나 버리는 것이 허용되는지 여부 등

공개되는 면접심사 본보기 문제는 질문의 수준과 범위를 제시할 뿐, 실제 시험에서는 다른 문제가 출제될 수도 있습니다.

면접질문 예상 문제

1. 한국에서 몇 년 동안 생활했습니까?

예시) 한국에서 생활한 지 6년이 되었습니다.

2. 지금의 남편(아내)을 어떻게 만나게 되었습니까?

예시) 지금의 남편(아내)을 친구, 가족, 친척의 소개로 만났습니다. 지금의 남편
(아내)를 직장, 여행지, 식당 등에서 만났습니다.

3. 가족이 몇 명입니까?

예시) 남편(아내), 아들, 딸, 저 모두 4명입니다.

4. 가장 좋아하는 한국 음식은 무엇입니까?

예시) 제가 가장 좋아하는 음식은 김치찌개입니다.

5. 한국 생활 중에서 가장 힘든 것이 무엇입니까?

예시) 한국말이 아직은 어렵고, 음식이 입에 안 맞아 힘듭니다.

6. 귀화 신청 자격에 대해 알고 있습니까?

예시) 일반귀화는 5년 이상 거주해야 하고, 간이 귀화는 3년 이상 거주, 결혼 또
는 동포 1, 2세의 배우자여야 합니다. 특별 귀화의 경우는 국적회복자의 자
녀, 미성년양자, 미성년친자. 특별공로자, 우수인재입니다.

7. 왜 한국 국적을 취득하고자 합니까?

예시) 한국이 좋아서 오랫동안 살고 싶습니다.

8. 국적 취득을 하게 되면 앞으로 어떤 일을 하고 싶습니까?

예시) 대학에서 한국어를 더 공부해서 한국어 선생님이 되고 싶습니다.

9. 대한민국 국가는 무엇입니까?

예시) 애국가입니다.

10. 애국가는 누가 작곡했습니까?

예시) 안익태 선생이 작곡했습니다.

11. 대한민국을 상징하는 꽃은 무엇입니까?

예시) 무궁화 꽃입니다.

12. 애국가 1절입니다. 나머지 부분을 불러 보세요.

> 동해물과 백두산이 마르고 닳도록

13. 애국가 2절입니다. 나머지 부분을 불러 보세요.

> 남산 위에 ________________
> 바람 서리 불변함은 _________.

14. 애국가 3절입니다. 나머지 부분을 불러 보세요.

> ________________________
> 밝은 달은 우리 가슴 _________
> (후렴) 무궁화 ______ 화려 강산
> 대한 사람 대한으로 길이 보전하세.

15. 애국가에 나오는 남산은 어디에 있는 산입니까?

>

예시) 서울에 있는 산입니다.

16. 백두산은 어디에 있습니까?

>

예시) 백두산은 북한과 중국 사이에 있습니다.

17. 국민의 4대 의무는 헌법에 규정되어 있습니다. 이 4대 의무를 말해 보세요.

예시) 국민의 4대 의무는 교육의 의무, 근로의 의무, 납세의 의무, 국방의 의무
입니다.

18. 현재 우리나라의 의무교육 기간은 몇 년입니까?

예시) 초등학교 6년과 중학교 3년 과정의 9년이 의무 기간입니다.

19. 국가는 세금을 모아 어디에 사용합니까?

예시) 국가는 세금을 모아 복지, 교육, 국방, 도로건설 등 국민에 필요한 곳에 사
용합니다.

20. 국방의 위무기간은 얼마입니까?

예시) 육군, 해군, 공군마다 다르지만 거의 2년 정도입니다.

21. 국민이 되면 선거권이 있습니다. 몇 살부터 가능합니까?

예시) 만 19세 이상의 모든 국민에게 선거권이 부여됩니다.

22. 일자리를 구하기 위해서 개인의 능력이나 학력 등을 기록하여 회사에 제출하는 서류를 무엇이라고 합니까?

예시) 이력서입니다.

23. 요즘 맞벌이 가정이 늘고 있습니다. '맞벌이'란 무슨 뜻입니까?

예시) 남편과 아내 모두 직장에 다니는 것을 맞벌이라고 합니다.

24. 서로 의견이 다를 때 다수의 의견으로 결정하는 방식을 무엇이라고 합니까?

예시) 어떤 문제 해결에 있어 다수의 의견으로 결정하는 방식을 다수결의 원칙이라고 합니다.

25. 대통령의 임기는 몇 년입니까?

예시) 5년입니다. 연임할 수 없습니다.

26. 국회의원이나 시장의 임기는 몇 년입니까?

예시) 4년입니다. 연임할 수 있습니다.

27. 영주권자로서 해당 지역에 3년 이상 거주한 외국인은 대통령이나 국회의원 선
거에 투표할 수 있습니까?

예시) 없습니다.

28. 영주권자로서 해당 지역에 몇 년 이상 거주한 외국인은 시장 선거에 투표할 수
있습니까?

예시) 3년 이상 해당 지역에 거주하면, 외국인도 시장 선거에 투표할 수 있습니다.

29. 직장에 다니면 4대 보험에 가입하게 됩니다. 4대 보험의 종류에는 무엇이 있습
니까?

예시) 건강보험, 고용보험, 국민연금보험, 산재보험에 가입하게 됩니다.

30. 국경일이란 무엇입니까?

예시) 나라의 경사스러운 날을 기념하기 위해 법으로 지정한 날입니다.

31. 5대 국경일을 말해 보세요.

예시) 3 · 1절, 제헌절, 광복절, 개천절, 한글날입니다.

32. 3 · 1절은 무엇을 기념하기 위한 날입니까?

예시) 일제의 식민통치에 반대하여 독립운동을 시작한 날을 기념하는 날입니다.

33. 개천절은 무엇을 기념하기 위한 날인가요?

예시) 단군왕검이 최초의 국가 고조선을 건국한 것을 기념하는 날입니다.

34. 한글날은 몇 월 며칠입니까?

예시) 10월 9일입니다.

35. 기원전 2333년에 단군왕검이 세운 나라는 무엇입니까?

예시) 고조선입니다.

36. 삼국유사의 '홍익인간 (弘益人間)'의 의미는 무엇입니까?

예시) 널리 인간을 이롭게 한다는 의미입니다.

37. 10월 9일은 한글날입니다. 조선시대 한글을 만드신 왕은 누구입니까?

예시) 세종대왕입니다.

38. 1948년 7월 17일 대한민국의 헌법이 제정된 것을 기념한 날을 무엇이라고 합니까?

예시) 제헌절입니다.

39. 국기를 전국적으로 게양하는 날은 언제입니까?

예시) 국경일(3·1절, 제헌절, 광복절, 개천절, 한글날)이나 기념일(현충일, 국군의 날) 그 외 정부가 따로 지정하는 날입니다.

40. 조기를 게양하는 날은 언제입니까?

예시) 조기를 다는 날은 현충일, 국장기간, 국민장일입니다.

41. 대한민국 헌법 제1조의 내용은 무엇입니까?

예시) "대한민국은 민주공화국이다. 대한민국의 주권은 국민에게 있고, 모든 권력은 국민으로부터 나온다"입니다.

42. 민주주의 사회에서 국가의 주권은 누구에게 있습니까?

예시) 국민에게 있습니다.

43. 우리나라의 국가 권력 기관에는 무엇이 있습니까?

예시) 입법부(국회), 사법부(법원), 행정부입니다.

44. 법을 만들고 국가의 예산을 심의. 편성하는 곳은 어디입니까?

예시) 입법부(국회)입니다.

45. 국가권력을 셋으로 나누어 국가 권력이 함부로 사용되는 것을 막기 위한 제도는 무엇입니까?

예시) 삼권분립입니다.

46. 대한민국 최초 여성대통령은 누구입니까?

예시) 18대 박근혜 대통령입니다.

47. 1960년 이승만 대통령의 장기 집권을 위한 선거 개표 조작의 무효화를 주장한 국민들의 시위를 무엇이라고 합니까?

예시) 4.19혁명입니다.

48. 시민생활에 불편함이 없도록 수행하는 행정기관은 어디입니까?

예시) 시청입니다.

49. 시청의 최고 책임자를 말합니다. 지방 선거를 통해 선출되며, 임기는 4년입니다. 누구입니까?

예시) 시장입니다. 시장은 지방선거를 통해 선출됩니다.

50. 행정기관 구청의 최고 책임자를 무엇이라고 합니까?

예시) 구청의 최고 책임자를 구청장이라고 하고, 군청의 최고 책임자를 군수라고 합니다.

51. 지역 주민을 위해 운영하는 문화 · 복지 · 편익 시설로, 지역 복지기능 외에 교양 강좌, 평생교육 등 시민 교육이 이루어지고 있는 공간을 무엇이라고 하는가?

예시) 주민자치센터라고 합니다.

52. 병원 중에서 목이나, 귀, 코가 아프면 가는 병원은 무엇입니까?

예시) 이비인후과입니다.

53. 주거형태 중에서 매매, 전세, 월세의 차이점은 무엇입니까?

예시) 매매는 집을 사고파는 것을 말하고, 전세는 보증금만 내고 살다가 계약이 끝나면 보증금 전액을 돌려받습니다. 그러나 월세는 보증금이 적은 대신 매달 일정 금액의 집세를 내는 것을 말합니다.

54. 옛날 주택의 난방장치는 무엇입니까?

예시) 온돌입니다.

55. 옛날 방과 방을 연결해 주는 곳으로 오늘날 거실과 같은 역할을 한 곳을 무엇이라고 합니까?

예시) 마루입니다.

56. 옛날 우리 선조들이 입었던 옷을 무엇이라고 합니까?

예시) 한복입니다.

57. 한국인들이 여름에 몸 보양식으로 즐겨먹는 것으로 닭, 인삼, 대추, 찹쌀, 마늘 등이 재료로 사용되는 음식의 이름은 무엇입니까?

예시) 삼계탕입니다.

58. 한국에서 생일에 먹는 음식은 무엇입니까?

예시) 미역국입니다.

59. 아이가 태어나서 처음 맞는 생일을 무엇이라고 합니까?

예시) 돌이라고 합니다. 백일은 태어난 지 100일 된 날을 말합니다.

60. 60번째 맞이하는 생일을 무엇이라고 합니까?

예시) 환갑이라고 합니다.

61. 우리나라 대표 명절인 추석과 설날에 먹는 음식에 대해 말해보세요.

예시) 추석(음력 8월 15일)에는 송편을 먹고, 설날(음력 1월 1일)에는 떡국을 먹습니다.

62. 설날에 먹는 떡국의 의미는 무엇입니까?

예시) 흰 가래떡처럼 순수하고 오래 살라는(장수)의미입니다.

63. 정월대보름에 먹는 부럼이란 무엇입니까?

예시) 밤, 호두, 잣, 땅콩과 같은 견과류(딱딱한 껍질의 과일)를 딱 소리가 나도록
깨무는데, 부럼을 깨면 1년 동안 부스럼이 나지 않고 치아가 튼튼해져서 건
강한 한 해를 보낼 수 있습니다.

64. 배추김치를 만들 때 필요한 재료는 무엇입니까?

예시) 배추, 무, 파, 소금, 생강, 고춧가루, 마늘, 젓갈류 등의 재료가 필요합니다.

65. 김장을 담그는 이유는 무엇입니까?

예시) 김장은 겨울에 먹을 많은 양의 김치를 한꺼번에 담그는 것으로 겨울철에는
날씨가 추워 채소를 재배할 수 없었기 때문에 한꺼번에 담갔습니다.

66. 추석에 하는 전통놀이에는 무엇이 있습니까?

예시) 강강술래, 씨름, 줄다리기 등이 있습니다.

67. 설날에 하는 전통놀이에는 무엇이 있습니까?

예시) 윷놀이. 널뛰기, 연날리기 등이 있습니다.

68. 세배는 무엇입니까?

예시) 새해를 맞아 웃어른께 드리는 문안인사로 드리는 절을 말합니다.

69. 제사와 차례는 무엇입니까?

예시) 제사는 조상의 돌아가신 날을 기리고 위로하는 날이고, 차례는 명절에 지
     내는 제사를 말합니다.

70. 결혼이나, 돌잔치 등 기쁜 날에 축하의 뜻으로 주는 돈을 무엇이라고 합니까?

예시) 축의금이라고 합니다.

71. 장례 등 슬픈 날에 힘내라고 주는 돈을 무엇이라고 합니까?

예시) 부의금 또는 조의금이라고 합니다.

72. 우리나라 전통음악인 사물놀이는 네 개의 악기가 필요합니다. 무엇입니까?

예시) 사물놀이에는 꽹과리, 징, 장구, 북의 악기가 필요합니다.

73. 우리나라의 전통운동으로 올림픽종목이기도 합니다. 무엇입니까?

예시) 태권도입니다.

74. 옛날과 오늘날 물건의 쓰임이 같은 것은 무엇입니까?

옛날 물건	오늘날 물건
	선풍기, 에어컨
	난로
가마솥	
빗자루	

예시) 옛날과 오늘날의 물건 중 부채는 선풍기, 에어컨. 화로는 난로. 가마솥은 전기밥솥. 빗자루는 청소기와 쓰임이 같습니다.

75. 한글은 자음과 모음으로 이루어져있습니다. 자음의 수와 모음의 수는 몇 개입
니까?

예시) 자음의 수는 19개(ㄱㄴㄷㄹㅁㅂㅅㅇㅈㅉㅊㅋㅌㅍㄲㄸㅃㅆㅉ), 모음의 수
는 21개(ㅏ,ㅑ,ㅓ,ㅕ,ㅗ,ㅛ,ㅜ,ㅠ,ㅡ,ㅣ,ㅐ,ㅒ,ㅔ,ㅖ,ㅘ,ㅙ,ㅚ,ㅝ,ㅞ,ㅟ,ㅢ)
로 모두 40개입니다.

76. 조선시대의 유교는 무엇입니까?

예시) 유교는 조선시대 중심사상으로 유교의 가르침은 부모와 웃어른을 공경하고
나라에 충성해야 한다는 것입니다.

77. 우리나라 국보 1호는 무엇입니까?

예시) 숭례문(남대문)입니다.

78. 우리나라 보물 1호는 무엇입니까?

예시) 흥인지문(동대문)입니다.

79. 서울에는 5개의 궁이 있습니다. 무엇입니까?

예시) 경복궁, 경희궁, 덕수궁, 창경궁, 창덕궁이 있습니다.

80. 서울에 있는 4대문은 무엇입니까?

예시) 동대문(흥인지문), 서대문(돈의문), 남대문(숭례문), 북대문(숙정문)입니다.

81. 4대문의 옛 이름은 무엇입니까?

동대문	돈의문
서대문	
남대문	
북대문	

82. 한국의 주요 수출품은 무엇이 있습니까?

예시) 반도체, 자동차, 휴대폰 등입니다.

83. 현재 한국의 1인당 국민소득은 얼마입니까?

예시) 2만 달러 정도입니다.

84. 예금과 적금의 차이를 말해 보세요.

예시) 예금은 일정금액을 일정기간 동안 예치하는 것을 말하고 적금은 매달 일정
금액을 예치해서 목돈을 마련하는 것을 말합니다.

85. 지하철이나 버스에 있는 노약자석은 무엇입니까?

예시) 노약자를 배려하기 위해 지하철이나 버스에 만들어 본 좌석입니다.

86. 재래시장과 백화점의 차이점을 말해보세요.

예시) 재래시장은 가격이 결정되어 있지 않아서 깎을 수 있으나, 백화점은 정찰
제로 판매해서 마음대로 깎을 수 없습니다.

87. 자동차운전면허증을 분실했습니다. 어디에서 재발급 받을까요?

예시) 지방경찰청에 가서 재발급 받을 수 있습니다.

88. 현금 없이 물건을 살 수 있고 한 달 후 지불하는 것을 무슨 결제라고 합니까?

예시) 신용카드 결제라고 합니다.

89. 인터넷으로 금융거래 하는 것을 무엇이라고 합니까?

예시) 인터넷뱅킹이라고 합니다. 이는 은행에 직접가지 않고 언제 어디서나 금융
거래를 할 수 있어서 편합니다.

90. 한국에서는 본인의 이름으로 꼭 금융거래를 해야 합니다. 이것을 무슨 제도라고 합니까?

예시) 금융실명제 라고 합니다.

91. 오만 원권에 그려진 인물은 누구입니까?

예시) 신사임당입니다.

92. 세종대왕이 그려진 지폐는 무엇입니까?

예시) 만 원권입니다.

93. 오백 원과 백 원에 새겨진 그림은 무엇입니까?

예시) 오백 원은 학이고, 백 원은 이순신장군입니다.

95. 한국의 총 인구는 약 몇 명입니까?

예시) 한국의 총 인구는 약 5,000만 명입니다.

96. 한국의 가족 형태 중 대가족과 핵가족은 무엇입니까?

예시) 대가족은 한 집에서 3대 이상이 사는 가족을 말하고, 핵가족은 부모와 자식 혹은 독신으로 사는 것을 말합니다.

97. 시장과는 다르게 백화점이나 마트에서는 상품에 표시된 가격대로 물건을 팝니다. 이것을 무엇이라고 합니까?

예시) 가격 정찰제입니다.

98. 살고 있는 지역뿐만 아니라 타 지역의 관공서나, 상호의 전화번호를 알고 싶을 때 어디로 전화를 합니까?

예시) 국번을 누른 후 114에 전화하면 됩니다.

99. 가게에서 물건을 사거나 식당에서 음식 값을 낼 때 10%의 세금을 부과하는데 이것을 무엇이라고 합니까?

예시) 부가세라고 합니다.

100. 긴급전화번호 119와 112는 언제 사용합니까?

예시) 119는 화재신고 번호이고, 112는 범죄신고 번호입니다.

101. 쓰레기는 어떻게 버려야 합니까?

예시) 분리수거해야 합니다. 재활용, 음식물쓰레기 일반쓰레기로 나눠서 버려야
    합니다.

102. 책을 빌려 볼 수 있는 곳은 어디입니까?

예시) 도서관입니다.

103. 편지나 우편물뿐만 아니라 적금과 예금까지 할 수 있는 기관은 어디입니까?

예시) 우체국입니다.

104. 단군왕검의 건국이념은 무엇입니까?

예시) 홍익인간으로 널리 인간을 이롭게 한다는 의미입니다.

105. 백제 도읍지의 이름을 순서대로 말해 보세요.

예시) 위례성-웅진-사비입니다.

106. 신라의 도읍지의 옛 이름은 무엇이며, 현재 어디를 말합니까?

예시) 금성이며 현재 경주입니다.

107. 고구려왕 중 광개토대왕의 업적은 무엇입니까?

예시) 대외 정복정책으로 만주까지 영토를 크게 넓혔습니다.

108. 3국(고구려, 백제, 신라)을 통일한 후 만들어진 나라 이름은?

예시) 통일신라입니다.

109. 고려를 건국한 왕의 이름은 무엇입니까?

예시) 태조 왕건입니다.

110. 고려의 장군으로 조선을 건국한 왕의 이름은?

예시) 태조 이성계입니다.

111. 우리나라 초기 종교와 삼국시대, 고려시대, 조선시대 종교에 대해 말해 보세요.

예시) 초기 종교는 민간신앙, 삼국시대와 고려시대는 불교, 조선시대는 유교입니다.

112. 조선시대 도읍지는 어디입니까?

예시) 한양입니다. 지금의 서울입니다.

113. 거북선을 만든 장군의 이름은 무엇입니까?

예시) 이순신 장군입니다.

114. 한국의 초대 대통령의 이름은 무엇입니까?

예시) 이승만 대통령입니다.

115. 6.25전쟁은 언제 일어났습니까?

예시) 1950년 6월 25일 북한의 갑작스런 침략으로 일어났습니다.

116. 자신이 알고 있는 세계문화유산에 대해 말해 보세요.

예시) 석굴암, 불국사, 해인사 장경판전, 종묘, 창덕궁, 수원화성, 고창 · 화순 · 강화 고인돌 유적, 경주 역사유적지구, 조선왕릉, 하회와 양동마을 등입니다.

117. 천연기념물 336호로 지정된 동해 최동쪽에 위치한 화산섬의 이름은 무엇입니까?

예시) 독도입니다.

118. 부모와 자식은 몇 촌 관계이고, 부부는 몇 촌 관계입니까?

예시) 부모와 자식은 1촌 관계이고, 부부사이는 무촌 관계입니다.

119. 남편의 여동생이나 누나를 무엇이라고 부릅니까?

예시) 시누이라고 부릅니다.

120. 한국은 사계절이 있습니다. 각 계절에 대해 말해보세요.

예시) 한국에는 봄, 여름, 가을, 겨울의 사계절이 있습니다.

121. 이른 봄, 중국에서 불어오는 모래먼지를 무엇이라고 합니까?

예시) 황사라고 합니다.

122. 우리나라의 가장 동쪽에 있는 섬으로 울릉도와 가깝게 있습니다. 이 섬의 이름
은 무엇입니까?

예시) 독도입니다.

123. 우리나라는 삼면이 바다로 둘러싸여져 있습니다. 바다 이름을 말해 보세요.

예시) 동해, 서해(황해), 남해입니다.

124. 우리나라에서 가장 높은 산의 이름과 어디에 있는지 말해 보세요.

예시) 제주도에 있는 한라산입니다.

125. 한국의 행정구역을 말해 보세요.

예시) 특별시 1개, 특별자치시 (세종특별자치시) 1개, 광역시(부산, 대구, 인천, 광주,
대전, 울산) 6개, 도(경기도, 강원도, 충청남도, 충청북도, 전라남도, 전라북도,
경상남도, 경상북도) 8개, 특별자치도(제주특별자치도) 1개입니다.

經경을 니ᄅ·샤ᄃᆞ 호·니오ᄂᆞᆺ날 如·ᅀᅵᆼ ᄒᆞ·ᄂᆞ·니 ·래·와 다ᄅ·아ᄂᆞ·니·라

蓮련華ᅘᅪᆼ 를 니ᄅ·시·니 히 기·퍼 ·펴·니·니 一·잃切·촁 ᄅᆞᆯ

護·ᅘᅩᆼ念·념 터·니 菩뽕薩·삻 ᄅᆞᆯ 제여곰 은 난호·아 ·품·에 ·念·념 ᄒᆞ·시·니라

昧·밍 ᄅᆞᆯ 로겨·샤 利·링弗·붏 ᄅᆞᆯ

·시·ᄂᆞᆫ 이·ᄆᆞ·미 ·초·리 解·ᄒᆡᆼ ·애·다 ᄒᆞ·니라

부록

01 국적법 및 귀화 관련 각종양식
02 한국대표 음식 조리법
03 많이 사용하는 속담풀이
04 이민자가 많이 하는 질문

국적법 및 귀화 관련 각종 양식

1. 국적법

국적법

법률 제12421호(출입국관리법) 일부개정 2014. 03. 18.

제1조 (목적)

이 법은 대한민국의 국민이 되는 요건을 정함을 목적으로 한다.

[전문 개정 2008.3.14]
[본조 제목 개정 2008.3.14]

제2조 (출생에 의한 국적 취득)

① 다음 각 호의 어느 하나에 해당하는 자는 출생과 동시에 대한민국 국적(國籍)을 취득한다.
1. 출생 당시에 부(父)또는 모(母)가 대한민국의 국민인 자
2. 출생하기 전에 부가 사망한 경우에는 그 사망 당시에 부가 대한민국의 국민이었던 자
3. 부모가 모두 분명하지 아니한 경우나 국적이 없는 경우에는 대한민국에서 출생한 자
② 대한민국에서 발견된 기아(棄兒)는 대한민국에서 출생한 것으로 추정한다.
[전문 개정 2008. 3. 14]
[본조 제목 개정 2008. 3. 14]

제3조 (인지에 의한 국적 취득)

① 대한민국의 국민이 아닌 자(이하 "외국인"이라 한다)로서 대한민국의 국민인 부 또는 모에 의하여 인지(認知)된 자가 다음 각 호의 요건을 모두 갖추면 법무부장관에게 신고함으로써 대한민국 국적을 취득할 수 있다.
1. 대한민국의 「민법」상 미성년일 것
2. 출생 당시에 부 또는 모가 대한민국의 국민이었을 것
② 제1항에 따라 신고한 자는 그 신고를 한 때에 대한민국 국적을 취득한다.
③ 제1항에 따른 신고 절차와 그 밖에 필요한 사항은 대통령령으로 정한다.
[전문 개정 2008. 3. 14]
[본조 제목 개정 2008. 3. 14]

제4조 (귀화에 의한 국적 취득)

① 대한민국 국적을 취득한 사실이 없는 외국인은 법무부장관의 귀화 허가(歸化許可)를 받아 대한민국 국적을 취득할 수 있다.
② 법무부장관은 귀화 허가 신청을 받으면 제5조부터 제7조까지의 귀화 요건을 갖추었는지를 심사한 후 그 요건을 갖춘 자에게만 귀화를 허가한다.
③ 제1항에 따라 귀화 허가를 받은 자는 법무부장관이 그 허가를 한 때에 대한민국 국적을 취득한다.
④ 제1항과 제2항에 따른 신청절차와 심사 등에 관하여 필요한 사항은 대통령령으로 정한다.
[전문 개정 2008. 3. 14]
[본조 제목 개정 2008. 3. 14]

제5조 (일반귀화 요건)

외국인이 귀화 허가를 받기 위하여서는 제6조나 제7조에 해당하는 경우 외에는 다음 각 호의 요건을 갖추어야 한다.
1. 5년 이상 계속하여 대한민국에 주소가 있을 것
2. 대한민국의 「민법」상 성년일 것
3. 품행이 단정할 것
4. 자신의 자산(資産)이나 기능(技能)에 의하거나 생계를 같이하는 가족에 의존하여 생계를 유지할 능력이 있을 것
5. 국어 능력과 대한민국의 풍습에 대한 이해 등 대한민국 국민으로서의 기본 소양(素養)을 갖추고 있을 것
[전문 개정 2008. 3. 14]
[본조 제목 개정 2008. 3. 14]

제6조 (간이귀화 요건)

① 다음 각 호의 어느 하나에 해당하는 외국인으로서 대한민국에 3년 이상 계속하여 주소가 있는 자는 제5조제1호의 요건을 갖추지 아니하여도 귀화 허가를 받을 수 있다.
1. 부 또는 모가 대한민국의 국민이었던 자
2. 대한민국에서 출생한 자로서 부 또는 모가 대한민국에서 출생한 자
3. 대한민국 국민의 양자(養子)로서 입양 당시 대한민국의 「민법」상 성년이었던 자
② 배우자가 대한민국의 국민인 외국인으로서 다음 각 호의 어느 하나에 해당하는 자는 제5조 제1호의 요건을 갖추지 아니하여도 귀화 허가를 받을 수 있다.

1. 그 배우자와 혼인한 상태로 대한민국에 2년 이상 계속하여 주소가 있는 자
2. 그 배우자와 혼인한 후 3년이 지나고 혼인한 상태로 대한민국에 1년 이상 계속하여 주소가 있는 자
3. 제1호나 제2호의 기간을 채우지 못하였으나, 그 배우자와 혼인한 상태로 대한민국에 주소를 두고 있던 중 그 배우자의 사망이나 실종 또는 그 밖에 자신에게 책임이 없는 사유로 정상적인 혼인 생활을 할 수 없었던 자로서 제1호나 제2호의 잔여기간을 채웠고 법무부장관이 상당(相當)하다고 인정하는 자
4. 제1호나 제2호의 요건을 충족하지 못하였으나, 그 배우자와의 혼인에 따라 출생한 미성년의 자(子)를 양육하고 있거나 양육하여야 할 자로서 제1호나 제2호의 기간을 채웠고 법무부장관이 상당하다고 인정하는 자
[전문 개정 2008. 3. 14]
[본조 제목 개정 2008. 3. 14]

제7조 (특별귀화 요건)

① 다음 각 호의 어느 하나에 해당하는 외국인으로서 대한민국에 주소가 있는 자는 제5조 제1호 · 제2호 또는 제4호의 요건을 갖추지 아니하여도 귀화 허가를 받을 수 있다. [개정 2010. 5. 4] [시행일 2011. 1. 1]
1. 부 또는 모가 대한민국의 국민인 자. 다만, 양자로서 대한민국의 「민법」상 성년이 된 후에 입양된 자는 제외한다.
2. 대한민국에 특별한 공로가 있는 자
3. 과학 · 경제 · 문화 · 체육 등 특정 분야에서 매우 우수한 능력을 보유한 자로서 대한민국의 국익에 기여할 것으로 인정되는 자
② 제1항 제2호 및 제3호에 해당하는 자를 정하는 기준 및 절차는 대통령령으로 정한다. [개정 2010. 5. 4] [[시행일 2011. 1. 1]]
[전문 개정 2008. 3. 14]
[본조 제목 개정 2008. 3. 14]

제8조 (수반 취득)

① 외국인의 자(子)로서 대한민국의 「민법」상 미성년인 자는 부 또는 모가 귀화 허가를 신청할 때 함께 국적 취득을 신청할 수 있다.
② 제1항에 따라 국적 취득을 신청한 자는 법무부장관이 부 또는 모에게 귀화를 허가한 때에 함께 대한민국 국적을 취득한다.
③ 제1항에 따른 신청 절차와 그 밖에 필요한 사항은 대통령령으로 정한다.
[전문 개정 2008. 3. 14]
[본조 제목 개정 2008. 3. 14]

제9조 (국적회복에 의한 국적 취득)

① 대한민국의 국민이었던 외국인은 법무부장관의 국적회복 허가(國籍回復許可)를 받아 대한민국 국적을 취득할 수 있다.

② 법무부장관은 국적회복 허가 신청을 받으면 심사한 후 다음 각 호의 어느 하나에 해당하는 자에게는 국적회복을 허가하지 아니한다.

1. 국가나 사회에 위해(危害)를 끼친 사실이 있는 자

2. 품행이 단정하지 못한 자

3. 병역을 기피할 목적으로 대한민국 국적을 상실하였거나 이탈하였던 자

4. 국가 안전 보장 · 질서 유지 또는 공공복리를 위하여 법무부장관이 국적회복을 허가하는 것이 적당하지 아니하다고 인정하는 자

③ 제1항에 따라 국적회복 허가를 받은 자는 법무부장관이 허가를 한 때에 대한민국 국적을 취득한다.

④ 제1항과 제2항에 따른 신청 절차와 심사 등에 관하여 필요한 사항은 대통령령으로 정한다.

⑤ 국적회복 허가에 따른 수반(隨伴) 취득에 관하여는 제8조를 준용(準用)한다.

[전문 개정 2008.3.14]

[본조 제목 개정 2008.3.14]

제10조 (국적 취득자의 외국 국적 포기 의무)

① 대한민국 국적을 취득한 외국인으로서 외국 국적을 가지고 있는 자는 대한민국 국적을 취득한 날부터 1년 내에 그 외국 국적을 포기하여야 한다. [개정 2010. 5.4] [[시행일 2011.1.1.]]

② 제1항에도 불구하고 다음 각 호의 어느 하나에 해당하는 자는 대한민국 국적을 취득한 날부터 1년 내에 외국 국적을 포기하거나 법무부장관이 정하는 바에 따라 대한민국에서 외국 국적을 행사하지 아니하겠다는 뜻을 법무부장관에게 서약하여야 한다. [신설 2010.5.4] [[시행일 2011.1.1.]]

1. 귀화 허가를 받은 때에 제6조 제2항 제1호 제2호 또는 제7조 제1항 제2호 제3호의 어느 하나에 해당하는 사유가 있는 자

2. 제9조에 따라 국적회복 허가를 받은 자로서 제7조 제1항 제2호 또는 제3호에 해당한다고 법무부장관이 인정하는 자

3. 대한민국의 「민법」상 성년이 되기 전에 외국인에게 입양된 후 외국 국적을 취득하고 외국에서 계속 거주하다가 제9조에 따라 국적회복 허가를 받은 자

4. 외국에서 거주하다가 영주할 목적으로 만 65세 이후에 입국하여 제9조에 따라 국적회복 허가를 받은 자

5. 본인의 뜻에도 불구하고 외국의 법률 및 제도로 인하여 제1항을 이행하기 어려운 자로서 대통령령으로 정하는 자

③ 제1항 또는 제2항을 이행하지 아니한 자는 그 기간이 지난 때에 대한민국 국적을 상실(喪失)한다. [개정 2010.5.4] [[시행일 2011.1.1.]]

[전문 개정 2008.3.14]

[본조 제목 개정 2008.3.14]

제11조 (국적의 재취득)

① 제10조 제3항에 따라 대한민국 국적을 상실한 자가 그 후 1년 내에 그 외국 국적을 포기하면 법무부장관에게 신고함으로써 대한민국 국적을 재취득할 수 있다. [개정 2010.5.4]
② 제1항에 따라 신고한 자는 그 신고를 한 때에 대한민국 국적을 취득한다.
③ 제1항에 따른 신고 절차와 그 밖에 필요한 사항은 대통령령으로 정한다.
[전문 개정 2008.3.14]
[본조 제목 개정 2008.3.14]

제11조의 2 (복수국적자의 법적 지위 등)

① 출생이나 그 밖에 이 법에 따라 대한민국 국적과 외국 국적을 함께 가지게 된 자[이하 "복수국적자"(複數國籍者)라 한다]는 대한민국의 법령 적용에서 대한민국 국민으로만 처우한다.
② 복수국적자가 관계 법령에 따라 외국 국적을 보유한 상태에서 직무를 수행할 수 없는 분야에 종사하려는 경우에는 외국 국적을 포기하여야 한다.
③ 중앙행정기관의 장이 복수국적자를 외국인과 동일하게 처우하는 내용으로 법령을 제정 또는 개정하려는 경우에는 미리 법무부장관과 협의하여야 한다.
[본조 신설 2010.5.4]

제12조 (복수국적자의 국적 선택 의무)

① 만 20세가 되기 전에 복수국적자가 된 자는 만 22세가 되기 전까지, 만 20세가 된 후에 복수국적자가 된 자는 그때부터 2년 내에 제13조와 제14조에 따라 하나의 국적을 선택하여야 한다. 다만, 제10조 제2항에 따라 법무부장관에게 대한민국에서 외국 국적을 행사하지 아니하겠다는 뜻을 서약한 복수국적자는 제외한다. [개정 2010.5.4]
② 제1항 본문에도 불구하고 「병역법」 제8조에 따라 제1국민역(第一國民役)에 편입된 자는 편입된 때부터 3개월 이내에 하나의 국적을 선택하거나 제3항 각 호의 어느 하나에 해당하는 때부터 2년 이내에 하나의 국적을 선택하여야 한다. 다만, 제13조에 따라 대한민국 국적을 선택하려는 경우에는 제3항 각 호의 어느 하나에 해당하기 전에도 할 수 있다. [개정 2010.5.4]
③직계존속(直系尊屬)이 외국에서 영주(永住)할 목적 없이 체류한 상태에서 출생한 자는 병역의무의 이행과 관련하여 다음 각 호의 어느 하나에 해당하는 경우에만 제14조에 따른 국적 이탈 신고를 할 수 있다. [개정 2010.5.4] [[시행일 2011.1.1.]]
1. 현역ㆍ상근예비역 또는 보충역으로 복무를 마치거나 마친 것으로 보게 되는 경우
2. 제2국민역에 편입된 경우
3. 병역면제 처분을 받은 경우
[전문 개정 2008.3.14]
[본조 제목 개정 2008.3.14, 2010.5.4] [[시행일 2011.1.1.]]

제13조 (대한민국 국적의 선택 절차)

① 복수국적자로서 제12조제1항 본문에 규정된 기간 내에 대한민국 국적을 선택하려는 자는 외국 국적을 포기하거나 법무부장관이 정하는 바에 따라 대한민국에서 외국 국적을 행사하지 아니하겠다는 뜻을 서약하고 법무부장관에게 대한민국 국적을 선택한다는 뜻을 신고할 수 있다. [개정 2010.5.4]

② 복수국적자로서 제12조 제1항 본문에 규정된 기간 후에 대한민국 국적을 선택하려는 자는 외국 국적을 포기한 경우에만 법무부장관에게 대한민국 국적을 선택한다는 뜻을 신고할 수 있다. 다만, 제12조 제3항 제1호의 경우에 해당하는 자는 그 경우에 해당하는 때부터 2년 이내에는 제1항에서 정한 방식으로 대한민국 국적을 선택한다는 뜻을 신고할 수 있다. [신설 2010.5.4]

③ 제1항 및 제2항 단서에도 불구하고 출생 당시에 모가 자녀에게 외국 국적을 취득하게 할 목적으로 외국에서 체류 중이었던 사실이 인정되는 자는 외국 국적을 포기한 경우에만 대한민국 국적을 선택한다는 뜻을 신고할 수 있다. [신설 2010.5.4]

④ 제1항부터 제3항까지의 규정에 따른 신고의 수리(受理) 요건, 신고 절차, 그 밖에 필요한 사항은 대통령령으로 정한다. [개정 2010.5.4]

[전문 개정 2008.3.14]

[본조 제목 개정 2008.3.14]

제14조 (대한민국 국적의 이탈 요건 및 절차)

①복수국적자로서 외국 국적을 선택하려는 자는 외국에 주소가 있는 경우에만 주소지 관할 재외공관의 장을 거쳐 법무부장관에게 대한민국 국적을 이탈한다는 뜻을 신고할 수 있다. 다만, 제12조 제2항 본문 또는 같은 조 제3항에 해당하는 자는 그 기간 이내에 또는 해당 사유가 발생한 때부터만 신고할 수 있다. [개정 2010.5.4] [[시행일 2011.1.1]]

②제1항에 따라 국적이탈의 신고를 한 자는 법무부장관이 신고를 수리한 때에 대한민국 국적을 상실한다. [개정 2010.5.4] [[시행일 2011.1.1]]

③제1항에 따른 신고 및 수리의 요건, 절차와 그 밖에 필요한 사항은 대통령령으로 정한다. [개정 2010.5.4] [[시행일 2011.1.1]]

[전문 개정 2008.3.14]

[본조 제목 개정 2008.3.14, 2010.5.4] [[시행일 2011.1.1]]

제14조의 2 (복수국적자에 대한 국적 선택 명령)

① 법무부장관은 복수국적자로서 제12조 제1항 또는 제2항에서 정한 기간 내에 국적을 선택하지 아니한 자에게 1년 내에 하나의 국적을 선택할 것을 명하여야 한다.

② 법무부장관은 복수국적자로서 제10조 제2항, 제13조 제1항 또는 같은 조 제2항 단서에 따라 대한민국에서 외국 국적을 행사하지 아니하겠다는 뜻을 서약한 자가 그 뜻에 현저히 반하는 행위를 한 경우에는 6개월 내에 하나의 국적을 선택할 것을 명할 수 있다.

③ 제1항 또는 제2항에 따라 국적 선택의 명령을 받은 자가 대한민국 국적을 선택하려면 외국 국적을 포기하여야 한다.
④ 제1항 또는 제2항에 따라 국적 선택의 명령을 받고도 이를 따르지 아니한 자는 그 기간이 지난 때에 대한민국 국적을 상실한다.
⑤ 제1항 및 제2항에 따른 국적 선택의 절차와 제2항에 따른 서약에 현저히 반하는 행위 유형은 대통령령으로 정한다.
[본조 신설 2010.5.4] [[시행일 2011.1.1]]

제14조의 3 (대한민국 국적의 상실 결정)

① 법무부장관은 복수국적자가 다음 각 호의 어느 하나의 사유에 해당하여 대한민국의 국적을 보유함이 현저히 부적합하다고 인정하는 경우에는 청문을 거쳐 대한민국 국적의 상실을 결정할 수 있다. 다만, 출생에 의하여 대한민국 국적을 취득한 자는 제외한다.
1. 국가안보, 외교관계 및 국민경제 등에 있어서 대한민국의 국익에 반하는 행위를 하는 경우
2. 대한민국의 사회질서 유지에 상당한 지장을 초래하는 행위로서 대통령령으로 정하는 경우
② 제1항에 따른 결정을 받은 자는 그 결정을 받은 때에 대한민국 국적을 상실한다.
[본조 신설 2010.5.4] [[시행일 2011.1.1]]

제14조의 4 (복수국적자에 관한 통보 의무 등)

① 공무원이 그 직무상 복수국적자를 발견하면 지체 없이 법무부장관에게 그 사실을 통보하여야 한다.
② 공무원이 그 직무상 복수국적자 여부를 확인할 필요가 있는 경우에는 당사자에게 질문을 하거나 필요한 자료의 제출을 요청할 수 있다.
③ 제1항에 따른 통보 절차는 대통령령으로 정한다.
[본조 신설 2010.5.4] [[시행일 2011.1.1]]

제15조 (외국 국적 취득에 따른 국적 상실)

①대한민국의 국민으로서 자진하여 외국 국적을 취득한 자는 그 외국 국적을 취득한 때에 대한민국 국적을 상실한다.
②대한민국의 국민으로서 다음 각 호의 어느 하나에 해당하는 자는 그 외국 국적을 취득한 때부터 6개월 내에 법무부장관에게 대한민국 국적을 보유할 의사가 있다는 뜻을 신고하지 아니하면 그 외국 국적을 취득한 때로 소급(遡及)하여 대한민국 국적을 상실한 것으로 본다.
1. 외국인과의 혼인으로 그 배우자의 국적을 취득하게 된 자
2. 외국인에게 입양되어 그 양부 또는 양모의 국적을 취득하게 된 자
3. 외국인인 부 또는 모에게 인지되어 그 부 또는 모의 국적을 취득하게 된 자
4. 외국 국적을 취득하여 대한민국 국적을 상실하게 된 자의 배우자나 미성년의 자(子)로서 그 외국의 법률에 따라 함께 그 외국 국적을 취득하게 된 자
③외국 국적을 취득함으로써 대한민국 국적을 상실하게 된 자에 대하여 그 외국 국적의 취

득일을 알 수 없으면 그가 사용하는 외국 여권의 최초 발급 일에 그 외국 국적을 취득한 것으로 추정한다.
④제2항에 따른 신고 절차와 그 밖에 필요한 사항은 대통령령으로 정한다.
[전문 개정 2008.3.14]
[본조 제목 개정 2008.3.14]

제16조 (국적상실자의 처리)

①대한민국 국적을 상실한 자(제14조에 따른 국적이탈의 신고를 한 자는 제외한다)는 법무부장관에게 국적상실 신고를 하여야 한다.
②공무원이 그 직무상 대한민국 국적을 상실한 자를 발견하면 지체 없이 법무부장관에게 그 사실을 통보하여야 한다.
③법무부장관은 그 직무상 대한민국 국적을 상실한 자를 발견하거나 제1항이나 제2항에 따라 국적상실의 신고나 통보를 받으면 가족관계등록 관서와 주민등록 관서에 통보하여야 한다.
④제1항부터 제3항까지의 규정에 따른 신고 및 통보의 절차와 그 밖에 필요한 사항은 대통령령으로 정한다.
[전문 개정 2008.3.14]
[본조 제목 개정 2008.3.14]

제17조 (관보 고시)

①법무부장관은 대한민국 국적의 취득과 상실에 관한 사항이 발생하면 그 뜻을 관보에 고시(告示)하여야 한다.
②제1항에 따라 관보에 고시할 사항은 대통령령으로 정한다.
[전문 개정 2008.3.14]
[본조 제목 개정 2008.3.14]

제18조 (국적상실자의 권리 변동)

①대한민국 국적을 상실한 자는 국적을 상실한 때부터 대한민국의 국민만이 누릴 수 있는 권리를 누릴 수 없다.
②제1항에 해당하는 권리 중 대한민국의 국민이었을 때 취득한 것으로서 양도(讓渡)할 수 있는 것은 그 권리와 관련된 법령에서 따로 정한 바가 없으면 3년 내에 대한민국의 국민에게 양도하여야 한다.
[전문 개정 2008.3.14]
[본조 제목 개정 2008.3.14]

제19조 (법정대리인이 하는 신고 등)

이 법에 규정된 신청이나 신고와 관련하여 그 신청이나 신고를 하려는 자가 15세 미만이면 법정대리인이 대신하여 이를 행한다.
[전문 개정 2008.3.14]
[본조 제목 개정 2008.3.14]

제20조 (국적 판정)

①법무부장관은 대한민국 국적의 취득이나 보유 여부가 분명하지 아니한 자에 대하여 이를 심사한 후 판정할 수 있다.

②제1항에 따른 심사 및 판정의 절차와 그 밖에 필요한 사항은 대통령령으로 정한다.

[전문 개정 2008.3.14]

[본조 제목 개정 2008.3.14]

제21조 (허가 등의 취소)

①법무부장관은 거짓이나 그 밖의 부정한 방법으로 귀화 허가나 국적회복 허가 또는 국적 보유 판정을 받은 자에 대하여 그 허가 또는 판정을 취소할 수 있다.

②제1항에 따른 취소의 기준·절차와 그 밖에 필요한 사항은 대통령령으로 정한다.

[본조 신설 2008.3.14] [[시행일 2008.6.15]]

제22조 (권한의 위임)

이 법에 따른 법무부장관의 권한은 대통령령으로 정하는 바에 따라 그 일부를 지방출입국·외국인관서의 장에게 위임할 수 있다. [개정 2014.3.18 제12421호(출입국관리법)] [[시행일 2014.6.19]]

[본조 신설 2010.5.4] [[시행일 2011.1.1]]

부　　칙

제1조 (시행일) 이 법은 공포 후 6월이 경과한 날부터 시행한다.

제2조 (귀화 허가 신청 등에 관한 경과 조치) 이 법 시행 전에 종전의 규정에 의하여귀화 허가·국적회복 허가 및 국적이탈 허가를 신청한 자에 대하여서는 종전의 규정을 적용한다.

제3조 (국적의 회복 및 재취득에 관한 경과조치) ① 제9조의 개정 규정은 이 법 시행 전에 대한민국의 국적을 상실하였거나 이탈하였던 자가 대한민국의 국적을 회복하는 절차에 관하여서도 이를 적용한다.

②제11조의 개정 규정은 제1항에 규정된 자 중 대한민국의 국적을 취득한 후 6개월 내에 외국 국적을 포기하지 아니하여 대한민국의 국적을 상실하게 된 자에 대하여서도 이를 적용한다.

제4조 (국적취득자의 외국 국적 포기 의무에 관한 경과 조치) 제10조의 개정 규정은 이법 시행 전에 대한민국의 국적을 취득하고 그때부터 이 법의 시행일까지 6개월이 경과하지 아니한 자에 대하여서도 이를 적용한다.

제5조 (이중국적자의 국적 선택의무 및 절차에 관한 경과조치) 제12조 내지 제14조의개정 규정은 이 법 시행 전에 대한민국의 국적과 외국 국적을 함께 가지게 된 자(이미 국적이탈 허가를 받은 자를 제외한다)에 대하여서도 이를 적용한다. 다만, 현재 만 20세 이상인 자는 이 법의 시행일을 제12조 제1항에 규정된 국적 선택 기간의 기산일로 본다.

제6조 (국적상실자의 처리 및 권리변동에 관한 경과조치) 제16조 및 제18조의개정 규정은 이 법 시행전에 대한민국의 국적을 상실한 자에 대하여서도 이를 적용한다.

제7조 (부모양계혈통주의 채택에 따른 모계출생자에 대한 국적취득의 특례) ①1978년 6월 14일부터 1998년 6월 13일까지의 사이에 대한민국의 국민을 모로 하여 출생한 자로서 다음 각 호의 1에 해당하는 자는 2004년 12월 31일까지 대통령령이 정하는 바에 의하여 법무부장관에게 신고함으로써 대한민국의 국적을 취득할 수 있다.[개정 2001.12.19.]

1. 모가 현재 대한민국의 국민인 자

2. 모가 사망한 때에는 그 사망 당시에 모가 대한민국의 국민이었던 자

②제1항의 규정에 의한 신고는 국적을 취득하고자 하는 자가 15세 미만인 때에는 법정대리인이 대신하여 이를 행한다.

③천재지변 기타 불가항력적 사유로 인하여 제1항에 규정된 기간 내에 신고를 하지 못한 자는 그 사유가 소멸된 때부터 3월내에 법무부장관에게 신고함으로써 대한민국의 국적을 취득할 수 있다.

④제1항 또는 제3항의 규정에 의하여 신고한 자는 그 신고를 한 때에 대한민국의 국적을 취득한다.

제8조 (다른 법률의 개정) 민법 중 다음과 같이 개정한다. 제781조 제1항에 단서를 다음과 같이 신설한다. 다만, 부가 외국인인 때에는 모의 성과 본을 따를 수 있고 모가에 입적한다.

부 칙 [2001. 12. 19.]

이 법은 공포한 날부터 시행한다.

부 칙 [2004. 1. 20.]

①(시행일) 이 법은 공포한 날부터 시행한다.

②(적용례) 제6조 제2항 제3호 및 제4호의 개정 규정은 1998년 6월 14일부터 이 법 시행 전까지의 사이에 대한민국 국민과 혼인한 외국인에게도 적용된다.

부칙 [2005.5.24 제7499호]

①(시행일) 이 법은 공포한 날부터 시행한다.

②(이중국적자의 국적이탈 신고에 관한 적용례) 제12조 제1항 단서·제3항 및 제14조 제1항 단서의 개정 규정은 이 법 시행 후 최초로 국적이탈 신고를 하는 사람부터 적용한다.

부칙 [2007.5.17 제8435호(가족관계의 등록 등에 관한 법률)]

제1조(시행일) 이 법은 2008년 1월 1일부터 시행한다. [단서 생략]

제2조 내지 제7조 생략

제8조(다른 법률의 개정) ① 내지 ④ 생략

⑤국적법 일부를 다음과 같이 개정한다.

제16조 제3항 중 "호적관서"를 "가족관계등록관서"라 한다.

⑥ 내지 〈39〉 생략

제9조 생략

부 칙 [2008.3.14. 제8892호]

이 법은 공포한 날부터 시행한다. 다만, 제21조의 개정 규정은 공포 후 6개월이 경과한 날부터 시행한다.

부 칙 [2010.5.4 제10275호]

제1조(시행일) 이 법은 2011년 1월 1일부터 시행한다. 다만, 제12조 제1항 본문, 같은 조 제2항 및 제13조의 개정 규정과 부칙 제2조(제3항 중 제14조의 2 제2항부터 제5항까지에 관한 사항은 제외한다) 및 부칙 제4조 제1항은 공포한 날부터 시행한다.

제2조(국적 선택 불이행으로 대한민국 국적을 상실한 자 등에 대한 특례) ① 종전의 제12조 제2항에 따라 대한민국 국적을 상실하였던 자는 대한민국에 주소를 두고 있는 상태에서 이 법 공포일부터 2년 이내에 외국 국적을 포기하거나, 대한민국에서 외국 국적을 행사하지 아니하겠다는 뜻을 서약하고 법무부장관에게 신고를 함으로써 대한민국 국적을 재취득할 수 있다. 다만, 남자는 제12조 제3항 제1호에 해당하는 자에 한한다.

② 종전의 제13조에 따라 외국 국적을 포기하고 대한민국 국적을 선택하였던 자가 이 법 공포일부터 5년 이내에 그 외국 국적을 재취득한 때에는 제15조 제1항에도 불구하고 그 외국 국적 취득일부터 6개월 이내에 대한민국에서 외국 국적을 행사하지 아니하겠다는 뜻을 법무부장관에게 서약하면 대한민국 국적을 상실하지 아니한다.

③ 제1항 및 제2항에 따른 복수국적자에 대하여는 제13조 제3항 및 제14조의 2 제2항부터 제5항까지의 개정 규정을 준용한다.

제3조(외국 국적의 포기에 관한 적용례) 제10조의 개정 규정은 이 법 시행 전에 종전의 제10조 제2항 단서에 해당하여 외국 국적을 포기하지 아니한 자에 대하여도 적용한다.

제4조(다른 법률의 개정) ① 가족관계의 등록 등에 관한 법률 일부를 다음과 같이 개정한다.

제44조 제2항 제6호 중 "이중국적자"를 "복수국적자(複數國籍者)"로 한다.

제98조 제1항 제1호 중 「국적법」 제13조 제1항"을 「국적법」 제13조"로, "이중국적자"를 "복수국적자"로 한다.

② 재외동포의 출입국과 법적 지위에 관한 법률 일부를 다음과 같이 개정한다.

제5조 제2항 제1호 중 "이중국적자(二重國籍者)"를 "복수국적자(複數國籍者)"로 한다.

부 칙 [2014.3.18 제12421호(출입국관리법)]

제1조(시행일) 이 법은 공포 후 3개월이 경과한 날부터 시행한다.
제2조(다른 법률의 개정) ① 국적법 일부를 다음과 같이 개정한다.
제22조 중 "출입국관리사무소장 또는 출입국관리사무소 출장소장"을 "지방출입국 · 외국인 관서의 장"으로 한다.
②부터 ⑦까지 생략
제3조 생략과 같이 개정한다.

2. 귀화 관련 각종 양식

[귀화시험 OMR카드 답안지 첨부]

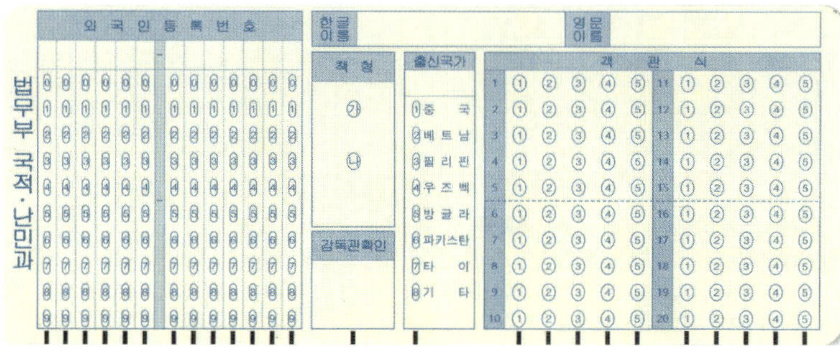

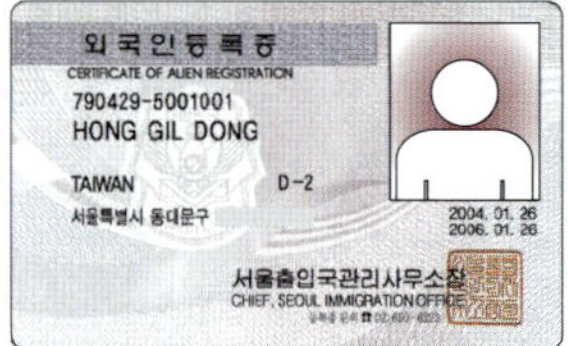

▌ OMR카드 작성순서

1. **시험 시작 전, '외국인등록번호, 한글이름, 영문이름, 출신 국가' 중 해당하는 항목에 표기를 합니다.**

2. **시험 시작 후, 시험지 첫 면에 나와 있는 책형대로 '책형' 란에 '가' 또는 '나' 중 하나를 표기 합니다.**

3. **문제를 다 풀고 나면 '객관식'란에 정답에 해당하는 번호 를 표기합니다.**

  ※ **시험시간은 총 20분**이므로 시험종료 5분전부터는 답안지 작성을 시작하시는 것이 좋습니다.(시험시간 종료 후 답안작성 불가)

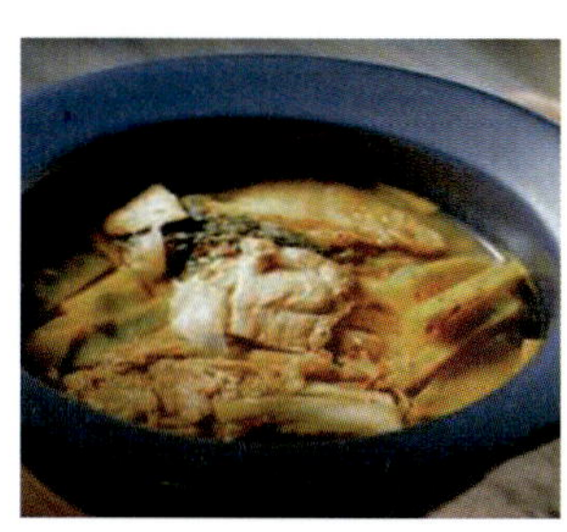

[김치찌개]

요리재료

김치반포기, 호박 1/2개, 돼지고기 200g, 물 4컵, 굵은파, 다진 마늘 1큰술, 소금 1작은술, 파, 다진마늘 1큰술, 소금 1작은술

1. 김치는 3cm 길이로 썬다
2. 청둥호박은 껍질과 씨 부분 파낸 다음 가로 2cm, 세로 3cm, 두께 1cm로 썬다.
3. 돼지고기는 가로, 세로, 각각 3cm로 썬다.
4. 굵은파는 0.3cm 두께로 어슷썬다.
5. 냄비에 준비한 김치, 청둥호박, 돼지고기를 골고루 담고 물을 부어 센불에서 끓인다.
6. (1)이 한소끔 끓으며 다진마늘, 청주, 굵은 파를 넣고 소금으로 간한 다음 살짝 끓인다.

[된장찌개]

요리재료

애호박 1개, 된장 2큰술, 두부 1/4모, 양파 1/4개, 느타리 버섯 2개, 청양고추 1개, 붉은고추 1/2개, 대파 1/4뿌리. 다진마늘 1/2큰술, 멸치국물 2컵, 고춧가루 1작은술

1. 양파, 두부, 애호박은 깨끗이 씻어 1cm 크기로 정육면체로 썬다.
2. 느타리버섯은 씻은 후 손으로 찢는다.
3. 청양고츠, 붉은 고추는 어슷썰어 씨를 털어내고 대파도 어슷썬다.
4. 뚝배기에 멸치 국물을 넣어 끓어오르면 된장을 풀고 애호박과 양파를 넣어 끓인다.
5. 끓어오르면 불을 줄이고 두부와 느타리버섯을 넣고 끓인다. 중간에 거품을 걷어낸다.
6. 고춧가루, 다진 마늘을 넣고 청양고추, 붉은 고추, 대파를 넣고 한번 끓어오르면 불에서 내린다.

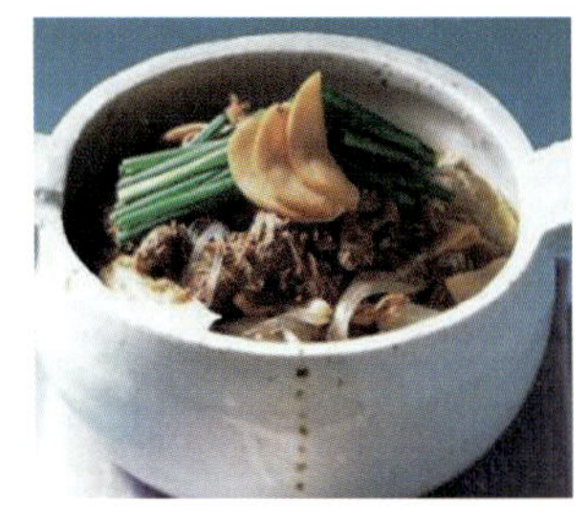

[불고기]

요리재료

소고기(불고기 양념한 것)500g, 양파 개, 배춧잎 4~5장, 새송이
버섯 2개, 실파 5~6뿌리, 소금, 국간장, 후춧가루 약간, 물 6컵,
국물용 멸치 50g, 다시마(10cm)1장

1. 국물 재료 멸치와 다시마를 넣고 끓인 후 멸치와 다시마는 건진다.
2. 당면은 물에 불려 길이를 두세번 자른다.
3. 양파는 반으로 잘라 채 썰고 배춧잎은 굵직하게 어슷썬다.
4. 새송이버섯은 어슷하게 납작납작 썰고 실파는 4~5cm길이로 썬다.
5. 뚝배기에 멸치 국물 5컵과 불린 당면, 양파, 배춧잎을 넣고 끓이다가 양념한 불고기를
   넣는다.
6. 고기가 다 익으면 새송이버섯과 실파를 올린 후 3분 정도 더 끓인다. 싱거우면 소금과
   국간장으로 간을 맞춘 후 후춧가루를 뿌린다.

[잡채]

요리재료

당면 200g, 채썬 소고기 80g, 마른 표고버섯 3개, 목이버섯 5g, 느타리버
섯 100g, 시금치 150g, 당근 1/2개, 양파 1/2개, 달걀 1개, 소금, 식용유

시금치,느타리버섯 양념

소금 2/3작은술, 다진파 2작은술, 다진마늘 1작은술, 참기름 2작은술, 깨소
금 1작은술

쇠고기, 목이버섯 양념 : 간장 1/2큰술, 설탕 1/2작은술, 다진 파 1/2큰술,
다진마늘 1작은술, 참기름 1작은술, 깨소금 1작은술, 후춧가루 약간

표고버섯 양념 : 간장 2작은술, 설탕 2작은술, 참기름 2작은술

조림장 재료 : 간장 3큰술, 설탕 1/2큰술, 물엿 1/2큰술

1. 표고버섯은 채썰고, 목이버섯은 손으로 찢는다. 느타리버섯과 시금치는 각각 끓는 물에 소금을
   넣고 데친후 물기를 짠 후 느타리버섯은 손으로 찢고 시금치는 2등분 한다.
2. 느타리버섯과 시금치는 양념을 반씩 나누어 각각 무친다. 쇠고기와 목이버섯도 양념을 나누어
   각각 무친다. 표고버섯도 각각 볶아낸다. 달걀은 흰자, 노른자로 나누어 지단을 부친 후 채썬다.
3. 식용유를 두른 팬에 채썬 양파와 당근을 각각 볶아 소금으로 간을 맞춘 후 식힌다.
4. 냄비에 분량의 조림장 재료를 넣고 약한 불에서 걸쭉해질 때까지 조린다. 달군 팬에 식용유 1
   큰술을 두르고 삶은 당면을 넣어 볶다가 조림장을 넣고 골고루 잘 볶아준 후 식힌다.
5. 조리한 재료를 고루 잘 버무린 후 한 접시에 담고 달걀 지단 채썬 것을 올린다.

[갈비찜]

요리재료

갈비 600g, 당근 20g, 은행 10알, 무 50g, 밤 10개, 파 1대, 양파 50g

양념장 재료 : 간장 3큰술, 설탕 2큰술, 육수 12큰술, 다진생강 1작은술, 깨소금 2큰술, 청주 1/4컵, 다진마늘 2큰술, 참기름 1큰술

1. 갈비는 사방 5cm크기로 썰어 기름기를 제거한다.
2. 기름기를 없앤 갈비살에 칼집을 낸 다음 찬물에 30분쯤 담가 핏물을 뺀다.
3. 끓는 물에 핏물을 뺀 갈비와 토막낸 양파, 파를 넣어 속까지 익을 때까지 삶아낸다. 중간젓가락으로 고기를 찔러보아 핏물이 나오는지 확인한다. 핏물이 나오면 고기가 덜 익은 것
4. 고기가 익으면 체에 받친다. 이국물은 양념장의 육수로 이용한다.
5. 육수에 간장, 설탕 등 양념장 재료를 섞는다.
6. 삶아낸 갈비살에 양념장을 반만 넣어 끓인다.
7. 6에 마늘, 파, 양파를 넣고 조리다가 건져낸다.
8. 조리국물이 반쯤으로 줄면 반 정도만 익힌 무, 당근, 밤과 은행, 나머지 양념장을 넣고 조린다.

[비빔밥]

요리재료

호박나물(애호박 1개, 다진 마늘 1작은술, 소금, 깨소금, 참기름 약간씩), 무생채(무1개, 소금 약간, 식초21/2큰술, 설탕1큰술, 고춧가루, 깨소금1/2큰술씩).
콩나물무침(콩나물 200g, 물 1/2컵, 소금 적당, 참기름, 다진마늘 1작은술씩, 깨소금 1/2큰술)
부추겉절이(부추1/5단, 고춧가루, 깨소금, 소근 1/2큰술씩, 참기름 1작은술), 비빔장(고추장 4큰술, 간장, 다진 마늘, 설탕1/2큰술씩, 참기름 1큰술, 맛술 2큰술), 밥 4공기, 달걀프라이 4개

1. 호박은 채썰어 소금에 절인 후 흐르는 물에 헹궈 물기를 제거한다. 식용유를 두른 팬에 다진 마늘과 함께 넣어 볶다가 참기름과 깨소금을 넣어 버무린다.
2. 무는 가늘게 채썰어 소금에 절인 후 흐르는 물에 헹궈 물기를 제거한다. 볼에 식초와 설탕, 고춧가루, 깨소금을 넣고 잘 섞은 다음 무를 넣고 버무린다.
3. 콩나물은 손질한 후 물에 소금과 함께 냄비에 넣은 다음 뚜껑을 닫고 익히다가 김이 나기 시작하면 3분 정도 더 끓인 후 건져낸다. 삶은 콩나물은 다진 마늘과 깨소금, 참기름, 소금을 넣고 무친다.
4. 부추는 깨끗하게 씻어 4cm 길이로 자른 후 고춧가루와 깨소금, 참기름, 소금을 넣고 버무린다.
5. 양푼에 밥을 담고 나물을 돌려 담은 다음 분량의 재료를 섞은 비빔장과 달걀프라이를 곁들인다.

3
많이 사용하는 속담풀이

🔵 가까운 이웃이 먼 친척보다 낫다.

- 이웃과 서로 가까이 지내면 먼 곳에 있는 친척보다 더 낫다는 말.

🔵 가는 날이 장날이다.

- 우연의 이치가 되는 때 쓰는 말. 주로 좋은 기회를 얻었을 때 씀.

🔵 가는 말이 고와야 오는 말이 곱다.

- 내가 남에게 잘해야 남도 나에게 잘한다는 말.

🔵 가는 정이 있어야 오는 정도 있다.

- 내가 먼저 남에게 좋은 일을 해야 그 보답을 받을 수 있다는 말.

🔵 가랑비에 옷 젖는 줄 모른다.

- 재산 같은 것이 표시 안 나게 조금씩 줄어들어 나중에는 큰돈이 축난다는 말.

🔵 가재는 게 편이다.

- 비슷한 자끼리 어울린다는 뜻, 가재와 게는 서로 비슷하게 생겼다는 뜻.

🔵 가지 많은 나무에 바람 잘 날이 없다.

- 자식을 많이 둔 어버이는 끊일 사이 없이 근심 · 걱정이 생긴다는 말.

🔵 간에 기별도 가지 않는다.

- 너무 양이 적어서 먹은 것 같지 않을 때 비유해서 쓰인다.

🔵 간에 붙었다 쓸개에 붙었다 한다.

- 지조가 없이 이리 붙었다 저리 붙었다 하는 사람을 비웃는 말.

🔵 간이 콩알만 하다.

 • 깜짝 놀라거나 겁이 나서 매우 두렵다는 뜻

🔵 같은 값이면 다홍치마.

 • 이왕이면 좋은 것을 갖는다는 뜻.

🔵 개구리 올챙이 적 생각 못한다.

 • 가난한 자가 부자가 되거나. 낮은 지위 사람이 갑자기 지위가 높아졌을 때 사람이란 옛날의 일을 잊기가 쉽다.

🔵 개똥도 약에 쓰려면 없다.

 • 아무리 흔한 것이라도 실제로 쓰고자 찾으면 없다는 뜻.

🔵 개밥에 도토리다.

 • 다른 사람과 어울리지 못하고 외롭게 고립된 것을 말한다.

🔵 개천에서 용 난다.

 • 신분이 낮고 가난한 집에서 큰 인물이 났을 때 이르는 말.

🔵 마파람에 게눈 감추듯이 한다.

 • 음식을 눈 깜짝할 사이에 먹어치우는 것.

🔵 걱정도 팔자.

 • 한 가지 일이 지나치게 얽매이는 것을 나무라는 말.

🔵 고기도 먹어 본 사람이 많이 먹는다.

 • 무슨 일이든지 늘 하던 사람이 익숙하므로 잘한다.

🔵 고래 싸움에 새우 등 터진다.

- 남의 싸움에 아무 관계없는 사람이 피해를 본다는 뜻.

🔵 공든 탑이 무너지랴.

- 힘과 정성을 다하여 한 일은 헛되지 않는다는 뜻.

🔵 과부는 은이 서 말이고 홀아비는 이가 서 말이다.

- 과부는 알뜰히 돈을 아끼고 저축하며 지내지만, 홀아비는 있는 대로 써버려 쪼들리는 생활을 한다.

🔵 구관이 명관이다.

- 무슨 일이고 경험이 필요하다는 것. 구관이란 벼슬아치로서 군수나 원님에서 자리를 물러나게 된 사람을 말한다. 이런 사람들로 새로 오는 사람보다 그 고을에 대해 훤히 알고 있기 때문에 밝고 좋은 정치를 할 수 있다.

🔵 구더기 무서워 장 못 담그랴.

- 큰일을 하자면 사소한 장애물을 있기 마련이다. 방해가 되는 일이 있더라도 할 일은 해야 한다는 말.

🔵 구슬이 서 말이라도 꿰어야 보배다.

- 아무리 훌륭하고 좋은 일이라도 끝마무리를 잘 지어야 그 가치가 있다는 것.

🔵 굼벵이도 뒹구는 재주가 있다.

- 아무리 못난 사람이라도 저마다 잘하는 재주가 한 가지는 있는 법으로, 함부로 업신여겨서는 안 된다는 뜻.

🔵 굿이나 보고 떡이나 먹지.

- 남의 일에 쓸데없이 참견 말고 주는 것이나 잘 받아먹고 가만히 있으라는 뜻.

🔵 귀신이 곡한다.

- 너무도 기가 막히게 신기하고 기묘한 것을 이르는 말.

🔵 귀에 걸면 귀걸이, 코에 걸면 코걸이다.

- 두 가지 뜻이 있다는 뜻으로, 정해진 것이 없어 아무렇게나 둘러댈 수 있다는 말.

🔵 긁어 부스럼이다.

- 아무렇지도 않은 일을 건드려 걱정거리를 만드는 것.

- 금강산도 식후경이라.

- 아무리 재미있는 일이라도 배가 고프면 눈에 들어오지 않아 소용없다.

🔵 긴 병에 효자 없다.

- 무슨 일이든지 너무 오래도록 시간이 걸리면 그 일에 대한 성의가 적어진다는 뜻.

🔵 깨소금 맛이다.

- 통쾌하다는 뜻.

🔵 꼬리가 길면 밟힌다.

- 나쁜 일을 오래 두고 하면 끝내는 들키고야 만다는 뜻.

🔵 꾸어다 놓은 보릿자루.

- 멀거니 혼자 있는 사람, 남과 잘 어울리지 않는 사람을 가리킨다.

🔵 꿈보다 해몽이 좋다.

- 재료는 좋지 않으나 가공이나 장식을 잘하는 것.

🔵 꿩 대신 닭이다.

- 적당한 것이 없을 때 비슷한 것으로 대신하는 것을 말함.

🔵 남의 다리 긁는다.

- 자기를 위해 한 일이 뜻밖에도 남을 위해 한 일이 되거나, 남이 한 일을 공연히 자기 일로 잘못 알고 있는 것.

🔵 낫 놓고 기역 자도 모른다.

- 낫이 기역자처럼 생겼는데 그것을 모른다는 말. 무식하기 짝이 없다는 뜻이다.

🔵 낮말은 새가 듣고 밤말은 쥐가 듣는다.

- 아무도 안 듣는다 할지라도 말을 삼가라는 뜻.

🔵 내 손톱에 장을 지져라.

- 어떤 일이 너무나 확실함을 장담할 때 쓰는 말.

누워서 떡 먹기다.

쉬운 일이라는 뜻, 누운 소 타기라는 속담과 같다.

누워서 침 뱉기.

· 남을 해치려고 한 일이 오히려 자기에게 돌아온다는 것.

눈 가리고 아웅 한다.

· 얕은꾀를 써서 상대방을 속이려 든다는 말.

눈 감으면 코 베어 먹을 세상이다.

· 세상인심이 몹시 험악하고 믿을 만한 것이 없다는 뜻.

늦게 배운 도둑이 날 새는 줄 모른다.

· 뒤늦게 시작한 일이 일찍 배운 일보다 더 빠지게 된다는 뜻.

달면 삼키고 쓰면 뱉는다.

· 일의 옳고 그름을 판단하지 않고, 신의를 돌봄이 없이 자기 이익만 챙긴다는 뜻.

닭 잡아먹고 오리발 내놓기다.

· 옳지 못한 짓을 하고 그것을 숨기려 하는데. 그것이 서툴다는 말.

도둑을 맞으려면 개도 안 짖는다.

· 운이 나쁘면 될 일도 안 된다는 뜻.

도둑이 제 발 저린다.

· 지은 죄가 있으면 자연히 마음이 조마조마해진다.

도랑 치고 가재 잡는다.

· 한 가지 일을 하고 두 가지 효과를 얻는다는 뜻.

독 안에 든 쥐다.

· 아무리 하여도 벗어날 수 없는 처지에 빠진 것.

돌다리도 두드려 보고 건너라.

· 모든 일에 조심하여 실수가 없도록 하라는 것.

되로 주고 말로 받는다.

남을 조금 건드렸다가 큰 갚음을 받는다는 말.

둘이 먹다가 하나가 죽어도 모르겠다.

• 음식의 맛이 썩 좋다는 비유.

떡 본 김에 제사 지낸다.

• 그렇지 않아도 하려던 차에 마침 본 김에 해버린다는 뜻.

떡 줄 사람은 아무 말도 없는데 김칫국부터 마신다.

• 상대는 생각지도 않는데 미리부터 다된 일로 알고 행동한다는 뜻.

똥 누러 갈 적 마음 다르고 올 적 마음 다르다.

• 자기 일이 아주 급할 때와 그 일이 무사히 마칠 때의 마음이 다르다는 뜻.

똥이 무서워 피하나 더러워서 피하지.

• 마음이 약한 상대를 피하는 것은 무서워서가 아니라, 오히려 자기의 체면을 깎이기 때문이라는 뜻.

뚝배기보다 장맛이 좋다.

• 겉모양은 보잘 것 없으나 내용은 겉보다 훨씬 나은 것.

말 한마디에 천 냥 빚도 갚는다.

• 말만 잘하면 어려운 일이나 불가능한 것도 해결한다는 뜻.

앓으니 죽지.

• 이왕에 조그마한 곤란을 받을 바에는 큰 곤란을 겪는 것이 낫다는 말.

어린애 보는 데는 찬물도 마시기 어렵다.

• 남이 하는 일은 곧잘 흉내 내는 것을 나무라거나 놀리는 말.

오뉴월 감기는 개도 아니 앓는다.

• 여름에 감기 앓는 사람을 놀리는 말.

오늘 말이 고와야 가는 말이 곱다.

• 남이 나를 헐뜯어 말하면 나도 그의 욕을 하게 된다.

- 우물 안 개구리다.
  - 한정된 곳에서만 생활하던 사람은 넓은 사회의 사정은 잘 모른다는 뜻, 우물 안 고기와 마찬가지.

- 우물을 파도 한 우물을 파라.
  - 어떤 일을 하더라도 한 가지 일을 꾸준히 하는 것이 성공의 길이라는 뜻.

- 울며 겨자 먹기다.
  - 하기 싫은 일을 억지로 하는 것.

- 입술에 침이나 바르지.
  - 거짓말을 터놓고 한다는 뜻.

- 자라 보고 놀란 가슴 솥뚜껑 보고 놀란다.
  - 어떤 일에 놀란 사람은 비슷한 일만 보아도 겁을 먹는다는 뜻.

- 제 버릇 개 줄까.
  - 나쁜 성질은 좀처럼 괴기가 어렵다는 것.

  ❋ 속담을 넣어서 친구와 같이 대화를 하여 속뜻을 익힙시다.

이민자가 많이 하는 질문

🔵 국민과 혼인한 외국인 배우자가 외국인등록 또는 체류 기간 연장을 신청할 때 반드시 국민과 동반해야 하나요?

> 😊 혼인 중에 출생한 자녀가 있거나 시부모 등과 동거하고 있는 경우, 귀화 허가를 신청한 경우에는 한국인 배우자를 동반하지 않아도 되며, 필요하면 남편에게 전화 인터뷰를 하기도 해요. 또한, 가출신고 접수 등 혼인의 진정성이 의심되거나 동거 여부 확인들이 필요하다고 판단되는 경우 한국인 배우자 동반을 요구하거나. 실태 조사를 할 수 있어요.

🔵 가정폭력으로 가출한 경우 한국인 배우자가 가출신고를 하면 불법체류자가 되나요?

> 😊 한국인 배우자가 가출신고를 할 경우 접수하여 입력조치하고 있으나 가정폭력으로 피해 받는 외국인 배우자들을 보호한다는 취지에서 한국인 배우자의 가출 신고만으로 외국인 배우자를 불법체류로 만들지 않아요. 기존 허가받은 체류 기간까지는 특별한 경우가 아니면 한국인 배우자가 신고했다고 하더라도 합법으로 간주해요. 단, 기존체류 기간이 지났는데도 체류 연장을 하지 않으면 불법체류가 돼요.

🔵 재입국 허가를 받아 출국한 중국인으로 중국에 체류 중 여권을 분실하여 재발급을 받았습니다. 한국에 입국하려면 사증을 받아야 합니까?

> 😊 재입국 허가를 받아 출국한 외국인이 분실 등의 사유로 여권을 재발급 받은 때에는 대한민국 대사관이나 영사관에 재입국 허가에 관한 사항을 확인받으면 새로 사증을 받을 필요가 없어요. 확인 신청을 할 때에는 새로운 여권을 함께 제출해야 하고 재입국 허가 기한을 넘겼을 때는 반드시 새로운 사증을 받아 입국하여야 하며, 이 경우에는 그전에 받았던 체류 자격은 효력이 상실돼요.

🔵 사망, 이혼 또는 별거 시 제출서류에 신원보증서를 제출하도록 하고 있는데 배우자의 친척 또는 친지 이외에는 신원보증을 할 수 없습니까?

> 😊 과거에는 배우자인 국민이 사망하거나 국민과 이혼 또는 별거를 하였을 경우, 체류 허가 신청 시 국민 배우자의 친척 또는 친지가 신원보증을 해야 했어요. 그러나 국민의 친척 등이 신원보증을 할 수 없는 현실을 고려하여 보증 능력이 있는 제3자가 신원보증을 할 수 있도록 신원보증인 자격을 확대했어요. 따라서, 공신력 있는 여성단체 및 제3자가 신원보증을 할 경우 보증 능력이 있다는 소명자료 제출 시 가능하며 보증능력 소명자료는 재직증명서, 납세사실증명원, 재산세과세증명 등을 제출하면 돼요.

🔴 법원에서 이혼이 확정되었을 때 그 외국인 배우자는 출국해야 하나요?

😊 법원판결에 의해 이혼 또는 합의 이혼 여부를 떠나 이혼하였다 하여 즉시 출국조치되는 것은 아니고 이혼의 귀책 사유가 누구에게 있느냐 또는 자녀양육을 하느냐 여부에 따라 체류 허가를 달리하고 있어요. 이혼의 귀책 사유가 한국인에게 있을 때는 거주(F-2-1)자격으로 계속 체류를 허가하며, 이혼의 귀책 사유가 양측에 있거나 외국인 배우자에게 있을 때에도 한국이 배우자 사이에 출생한 자녀를 국내에서 양육하는 경우에는 거주(F-2-1)자격으로 체류를 허가하고 있어요. 이혼의 귀책 여부와 관계없이 한국인 배우자 사이에 출생한 자녀가 있으면 체류 허가를 해 주어요.

※ 자녀 면접권이란?

한국 배우자 사이에 출생한 자녀를 양육하지 않은 상태에서도 국내에서 체류하고자 할 때에는 자녀의 접견권 보호를 위해 원칙적으로 실태 조사를 거쳐 거주(F-2-1)자격으로 체류를 허가하고 있습니다.

※ 협의 이혼 후 체류 연장은?

국민의 배우자와 협의 이혼을 한 후 귀책 사유를 알 수 없거나. 이혼 귀책 사유나 외국인에게 있더라도 재산 분할, 가사 정리 등의 사유로 국내 체류가 불가피한 경우 방문동거(F-1) 자격으로 변경하여 최장 2년 범위 내에서 체류를 허가하고 있습니다.

※귀책 사유란?

귀책 사유란, 법률적인 불이익을 부과하는 데 필요한 주관적 요건으로 의사 능력이나 책임 능력이 있고 고의나 과실이 있어야 합니다. 그 귀책 사유를 정하는 기준은(민법 제840조에 의거) 아래와 같습니다.

1. 배우자의 부정한 행위가 있었을 때
2. 배우자가 악의로 다른 일방을 유기한 때
3. 배우자, 직계존속으로 심히 부당한 대우를 받았을 때
4. 자기 직계존속이 배우자로 심히 부당한 대우를 받았을 때
5. 배우자의 생사가 3년 동안 분명하지 않을 때
6. 기타 혼인을 계속하기 어려운 중대한 사유가 있을 때 등으로 즉, 혼인 생활을 더 이상 할 수 없는 중대한 사유에 많은 것이 포함되고 있다고 보시면 됩니다.

🔴 국민과 혼인한 외국인이 입국하여 동거 기간 중 국민이 사망하거나 또는 이혼 별거하는 경우 국내 체류가 가능한지(체류 기간 연장)?

😊 국내 혼인신고를 마치고 입국하여 생활하는 중 국민의 배우자가 질병, 사고 기타의 사유로 사망한 경우 외국인배우자가 국내 체류를 희망하게 되면 체류 허가를 하고 있어요. 그러나 국민의 배우자와 이혼하거나 별거 중인 경우 이혼, 별거 귀책 사유가 누구에게 있는

가에 따라 체류 허가를 달리하고 있어요. 이혼 또는 별거의 귀책 사유가 구민인 배우자에게 있으면서 국민인 배우자 사이에 출생한 자녀를 국내에서 양육하거나, 국민의 부모 또는 가족을 부양하고자 할 때에는 사망한 경우와 같이 체류를 허가하고 있고, 재산 분할, 이혼소송 준비, 기타 가사 정리 등의 사유로 국내 체류가 불가피한 경우에는 사유 소멸 시까지 3개월씩 체류 기간 연장을 허가해요.

⚫ 국민의 배우자(F-2-1)인 외국인도 다른 외국인들처럼 취업할 때 허가를 받고 일을 해야 하나요?

🙂 국민의 배우자의 경우 국내생활의 빠른 정착 및 가정경제에 도움을 주고자, 법무부에서는 2005년 9월 25일 이후로 출입국관리법을 개정하여 체류 자격 외 활동 시 별도의 허가를 받지 않아도 되며, 참고로 출입국관리법상 제한이 없어졌다고 하여 전문직종 등 자격증을 요구하는 업종(변호사, 의사, 약사 등)에 무자격으로 취업한 경우 의료법 등 관계법령에 따라 처벌받게 돼요.

⚫ 재입국허가를 받아 출국한 중국인으로 중국에 체류 중 여권을 분실하여 재발급을 받았습니다. 한국에 입국하려면 사증을 받아야 합니까?

🙂 재입국허가를 받아 출국한 외국인이 분실 등의 사유로 여권을 재발급 받은 때에는 대한민국 대사관이나 영사관에 재입국허가에 관한 사항을 확인받으면 새로 사증을 받을 필요가 없어요. 확인 신청을 할 때에는 새로운 여권을 함께 제출해야 하고 재입국허가 기한을 넘긴 경우에는 반드시 새로운 사증을 받아 입국하여야 하며, 이 경우에는 그전에 받았던 체류 자격은 효력이 상실돼요.

⚫ 한국인과 혼인하여 거주(F-2) 자격을 소지한 중국 동포입니다. 자주 중국을 여행하는데 복수 재입국허가를 받을 수 있나요?

🙂 중국의 경우 상호주의에 따라 재입국이 제한되나, 법무부는 국민의 배우자에게는 대한 출입국 시 편의를 제공하기 위해 복수 재입국을 허가하고 있어요.다만, 입국 금지자, 사증발급규제자. 법무부장관이 따로 정하는 자는 법무부장관의 허가가 있어야 해요(단수 재입국만 가능하며, 수수료는 3만 원).체류지 관할 출입국관리사무소 또는 공항만 출입국관리사무소에 신청할 수 있으며, 준비 서류는 재입국허가신청서, 여권, 외국인등록증, 수수료 3만 원(복수 5만 원)이에요.

⚫ 재입국허가는 최장 얼마까지 받을 수 있습니까?

🙂 단수 재입국허가는 1년, 복수 재입국허가는 2년을 원칙으로 하고 있으며. 체류 자격 및 국가에 따라 예외가 있으며 전자민원창구에서 귀하의 체류 만료일을 계산하여 허가 가능한 최장 기간을 자동으로 부여하고 있어요.

🔵 처의 부모님이 단기종합(c-3)으로 입국하였는데 장기로 체류할 수 있습니까?

🙂 국민과 혼인한 배우자의 부모로 국민과 혼인한 딸의 출산, 간병(병간호) 또는 외손자의 양육을 위해 장기 체류가 필요한 경우이거나 외국인 배우자 부모 본인의 질병 치료를 위해 필요한 경우 등은 장기 체류(91일 이상)를 허용하고 있어요. 국내 체류가 불가피함을 증명하는 서류(진단서, 사유서 등) 가족관계 입증(기본 증명서, 출생증명서 사본 등) 등을 제출하며, 심사 및 실태 조사 등을 거쳐 체류 허가를 하고 있어요. 단 체류 허가를 받은 장인, 장모는 국내에서 취업활동을 할 수 없어요.

🔵 영주(F-5)를 취득하였을 때 혜택은 무엇이며, 영주자격 취득에 제한이 없습니까?

🙂 영주자격 취득자는 별도의 체류 기간 연장 신청 의무가 면제되며 신분 존속 기간까지 국내 체류 및 국내에서 자유로운 경제활동이 보장되고, 국외여행 시 여행 기간은 1년 미만이면 재입국 허가를 받지 않아도 돼요.

🔵 산업재해를 당하거나 기타 질병 등의 인도주의적인 사유로 국내에 체류할 수 있습니까?

🙂 산업재해를 당한 외국인은 합법 또는 불법 여부를 불문하고 입원 치료 및 산재보상 완료 시까지 체류를 허가하고 아울러, 산업재해를 당한 자가 불법체류자인 경우에는 처벌을 면제하고 보조 중인 때에는 보호 해제를 하고 있어요. 산업재해를 당한 보호자. 질병 또는 사고로 치료 중인 자와 그의 보호자. 사고 등으로 사망한 자의 가족, 산재 등으로 말미암은 손해배상 청구, 체납 임금 지급 등 각종 민사소송 당사자로 재판 절차가 진행 중인 자, 체납임금과 관련하여 지방노동사무소에서 중재 중인 자, 출산 등 인도적인 배려가 불가피하다고 인정되는 자 등에 대해서도 요건에 해당하는 입증서류를 제출하면 심사를 거쳐 체류를 허가하고 있어요.

🔵 자녀(미성년자 자녀)의 출입국사실 증명을 발급받고 싶은데 어떻게 해야 합니까?

🙂 증명발급 대상자가 미성년자로서 부 또는 모가 신청하는 경우, 가족관계 사실인 서류(주민등록등본, 가족관계증명서 등) 위임장 및 위임자의 신분증 사본에 갈음하여, 가족관계 사실 확인 서류와 신청자신분증명서를 소지하고 방문하시면 돼요.

※ 각종 체류 허가신청 수수료

🙂 체류 자격 외 활동 허가 등 수수료내역은 다음과 같아요.

　　(1) 체류 자격 외 활동 허가 : 6만 원(유학생 시간제 취업자 : 1만 원)

　　(2) 근무처 변경, 추가 허가 : 6만 원

　　(3) 체류 자격 부여 : 4만 원(단, F-2 또는 F-5 자격부여 : 2만 원)

　　(4) 체류 자격 변경 허가 : 5만 원

(5) 체류 기간 연장 허가 : 3만 원(단, F-2 자격 : 2만 원)

(6) 단수 재입국 허가 : 3만 원

(7) 복수 재입국 허가 : 5만 원

(8) 재외국민 국내거소 신소 : 1만 원

(9) 재외동포 체류 자격 변경 허가 : 5만 원

(10) 외국인등록증, 국내 거소 신고증 발급 및 재발급 : 1만 원

(11) 출입국에 관한 사실증명 : 1천 원

(12) 외국인 등록사실 및 국내거소 신고사실증명 : 1천 원

불법체류자인데 현재 한국 남편과 동거하고 있으며, 현재의 남편과의 사이에 자녀(3살)가 있어요. 합법 체류로 정정당당하게 살고 싶은데 절차는 어찌되나요?

한국에서 한국인과 외국인이 혼인할 경우

– 등록된 외국인일 경우

한국에서 한국인과 외국인 사이 결혼의 경우, 결혼의 실질적 성립 요건은 각 당사자에 관하여 그 본국 법에 의하지만, 결혼의 방식은 대한민국 호적법에 따라 신고를 하여야 해요. 외국인인 결혼당사자의 국적을 증명하는 서면(기본증명, 출생증명서, 여권 사본, 신분등록부 등본 등)과 본 국법에 따라 결혼 능력 등, 결혼 성립 요건을 갖추고 있음을 증명하는 서면(본국의 관공서, 재외공관 등 권한 있는 기관 발행) 등을 첨부하여 호적법 제76조에 의한 결혼 신고를 할 수 있어요.

* 호적관서에 혼인 신고가 완료된 후 혼인관계증명서를 발급받아 해당국의 언어로 번역 공증 인증(해당국 대사관)을 받고 해당 국가의 호적관서에 혼인신고를 합니다. 그 후에 국민의 배우자(외국인)가 체류하는 곳이 외국일 경우 우리나라 대사관(영사과)에 결혼 초청 비자를 신청하며, 혼인신고 당시 국내에 체류하고 계시면 체류 자격 변경 신청을 한국인 거주지 지역관할 출입국관리사무소에 하시면 돼요.

– 불법체류자일 경우

불법체류자도 상기의 등록된 외국인과 절차는 같지만, 한국인의 배우자(외국인)가 한국 내에서 불법체류를 하는 사람은 불법체류 기간에 따른 벌금을 내야 해요(불법 체류 기간 3년 미만의 경우 2천만 원 이하의 벌금 부과). 벌금을 납부할 능력이 없을 경우 불법체류 사실의 해소를 위하여 본국으로 출국 후 한국인이 국민의 배우자를 초청하는 방법이 있으나 정상적인 결혼 초청비자 신청 기간보다는 사실관계조사 등의 절차가 있어 비자 발급 대기 시간이 길어질 수 있어요(약 6개월–1년 소요됨). 또한, 불법체류자의 한국인 혼인관계증명서류에 배우자로 등재된 이후 6개월 이상이 지나야만 초청을 할 수 있어요.

※ 동거 부부 사이의 자녀 문제

한국인의 자녀로 가족관계 등록이 된 경우는 큰 문제가 발생하지 않지만, 인지신고를 하여 자녀가 외국국적을 취득하여 있을 때는 동일하게 출국 후 재입국하여 외국인 등록을 마친 후 귀화 신청을 하여야 함.

저는 중국 교포로, 작년에 한국인 남편과 결혼해서 입국했어요. 그런데 최근, 남편이 직장을 잃었어요. 그래서 제가 회사에 취업해야 하는데 이력서 및 자기소개서 작성법 좀 알려주세요.

자기소개서는 본인의 자라온 환경 및 가족관계, 본인의 특기 적성, 미래의 포부 등을 간략하게 서술식으로 작성한 것을 말해요.

이력서는 정해진 서식에 본인의 사진을 부착한 후 출생과 학력, 경력, 상벌 사항 등을 작성한 것을 말해요.

귀화시험 OMR카드 답안지

법무부 국적 · 난민과

외국인등록번호

| 한국 이름 | | 영어 이름 | |

책 형

가

나

감독관확인

출신국가

① 중 국
② 베트남
③ 필리핀
④ 우즈벡
⑤ 방글라
⑥ 파키스탄
⑦ 타 이
⑧ 기 타

객관식

1	① ② ③ ④ ⑤	11	① ② ③ ④ ⑤
2	① ② ③ ④ ⑤	12	① ② ③ ④ ⑤
3	① ② ③ ④ ⑤	13	① ② ③ ④ ⑤
4	① ② ③ ④ ⑤	14	① ② ③ ④ ⑤
5	① ② ③ ④ ⑤	15	① ② ③ ④ ⑤
6	① ② ③ ④ ⑤	16	① ② ③ ④ ⑤
7	① ② ③ ④ ⑤	17	① ② ③ ④ ⑤
8	① ② ③ ④ ⑤	18	① ② ③ ④ ⑤
9	① ② ③ ④ ⑤	19	① ② ③ ④ ⑤
10	① ② ③ ④ ⑤	20	① ② ③ ④ ⑤

답안은 반드시 컴퓨터용 수성싸인펜을 사용하여 다음과 같이 바르게 표기한다.

보기 : ○ ✕ ✕ ✕

OMR카드 작성순서

1. 시험이 시작되기 전에는 답안지에 '외국인등록번호, 한글이름, 영문이름, 출신국가' 중 해당하는 항목에 표기를 합니다.

2. 시험이 시작되면 시험지 첫 면에 나와 있는 책형대로 '책형'란에 '가', '나' 중 하나를 표기합니다.

3. 문제를 다 풀고 나면 '객관식'란에 정답에 해당하는 번호를 표기합니다.

   ※시험시간은 20분이므로 시험 종료 5분 전부터는 답안지 작성을 시작하는 것이 좋습니다 (시험시간 종료 후 답안작성 불가).

다문화 이민자를 위한 –최신 귀화시험

이민귀화시험

초판 1쇄　2015년 04월 17일

지은이　서광석, 전경미
발행인　김재홍
디자인　박상아, 문선이, 이슬기
교정, 교열　안리라
마케팅　이연실

발행처　도서출판 지식공감
등록번호　제396–2012–000018호
주소　경기도 고양시 일산동구 견달산로225번길 112
전화　02–3141–2700
팩스　02–322–3089
홈페이지　www.bookdaum.com

가격　13,800원
ISBN　979–11–5622–083–1–13300

CIP제어번호　CIP2015009951
이 도서의 국립중앙도서관 출판시 도서목록(CIP)은 e–CIP 홈페이지(http://www.nl.go.kr/ecip)에서 이용하실 수 있습니다.

귀화시험 OMR카드 답안지

법무부 국적 · 난민과

외국인등록번호

0	0	0	0	0	0	0		0	0	0	0	0	0	0
①	①	①	①	①	①	①		①	①	①	①	①	①	①
②	②	②	②	②	②	②		②	②	②	②	②	②	②
③	③	③	③	③	③	③		③	③	③	③	③	③	③
④	④	④	④	④	④	④		④	④	④	④	④	④	④
⑤	⑤	⑤	⑤	⑤	⑤	⑤		⑤	⑤	⑤	⑤	⑤	⑤	⑤
⑥	⑥	⑥	⑥	⑥	⑥	⑥		⑥	⑥	⑥	⑥	⑥	⑥	⑥
⑦	⑦	⑦	⑦	⑦	⑦	⑦		⑦	⑦	⑦	⑦	⑦	⑦	⑦
⑧	⑧	⑧	⑧	⑧	⑧	⑧		⑧	⑧	⑧	⑧	⑧	⑧	⑧
⑨	⑨	⑨	⑨	⑨	⑨	⑨		⑨	⑨	⑨	⑨	⑨	⑨	⑨

한국 이름

영어 이름

책 형

㉮

㉯

감독관확인

출신국가

① 중 국
② 베트남
③ 필리핀
④ 우즈벡
⑤ 방글라
⑥ 파키스탄
⑦ 타 이
⑧ 기 타

객관식

1	①	②	③	④	⑤	11	①	②	③	④	⑤
2	①	②	③	④	⑤	12	①	②	③	④	⑤
3	①	②	③	④	⑤	13	①	②	③	④	⑤
4	①	②	③	④	⑤	14	①	②	③	④	⑤
5	①	②	③	④	⑤	15	①	②	③	④	⑤
6	①	②	③	④	⑤	16	①	②	③	④	⑤
7	①	②	③	④	⑤	17	①	②	③	④	⑤
8	①	②	③	④	⑤	18	①	②	③	④	⑤
9	①	②	③	④	⑤	19	①	②	③	④	⑤
10	①	②	③	④	⑤	20	①	②	③	④	⑤

답안은 반드시 컴퓨터용 수성싸인펜을 사용하여 다음과 같이 바르게 표기한다.

보기 :

○ × × ×

OMR카드 작성순서

1. 시험이 시작되기 전에는 답안지에 '외국인등록번호, 한글이름, 영문이름, 출신국가' 중 해당하는 항목에 표기를 합니다.
2. 시험이 시작되면 시험지 첫 면에 나와 있는 책형대로 '책형'란에 '㉮', '㉯' 중 하나를 표기합니다.
3. 문제를 다 풀고 나면 '객관식'란에 정답에 해당하는 번호를 표기합니다.
   ※시험시간은 20분이므로 시험 종료 5분 전부터는 답안지 작성을 시작하는 것이 좋습니다 (시험시간 종료 후 답안작성 불가).